U0018170

雷國鼎編著

美國教育制度

中華書局印行

自序

美國位於北美洲中部，東臨大西洋，南界墨西哥及墨西哥灣，西濱太平洋，北接加拿大。土地面積約三百餘萬方哩，人口已超過一億九千萬人。城市人口稠密，居住鄉村者祇佔全國人口總額的五分之二。美國為一高度工業化的國家，復以人口不衆，故人民生活，極為優裕。美國的文化，既無軍國主義的象徵，亦不帶宗教色彩，而是運用普及教育的方式，進行一種民主主義的新實驗；教會與國家，互不干涉；國內人民的生產與工業技術，也日臻理想。美國人種雖雜，然各族相處無間，堪稱世界各地移民經營共同生活之聖地。

美國的教育制度，自立國之日起，即實施一種普及的或單軌的教育。教育行政權力，操於各州，聯邦政府依法不得干預各州教育設施。學校系統屬於單線教育階梯制，每一學童均得各依志趣及能力，接受適於其智力及身體發展的教育。至於學校課程，大都側重概括性及綜合性；所施教育不以傳統的讀、寫、算為重心，而為一種具有公民、衞生、職業及家庭生活的進步教育。

美國係一極端複雜之國家，外國人士很難探悉其究竟。就外表觀察，美國似為一密合無間之單一體，實際乃是各州享有充分獨立自主的聯邦國家。美國人民對於自己的生活態度，雖無明確表示，但外國人一經與美國人民接觸，即可體認彼等具有一種堅毅、果決、乾脆、坦率的生活哲學。美國憲法雖無有關學校及教育制度的條文規定，但一般美國人對於適合某一州或某一地區之免費公共教育，均瞭若指掌。美國人咸以爲國家實施之普及教育，決不容失敗。蓋彼等深信普及教育制度，乃爲民主之基礎；非但足以促進機會之均等和社會之進步，且可培育一種不以某一階級或特殊權益爲前提的賢良政治家。

美國從事普及教育的實驗，歷有年所，蓋彼等認爲普及教育，乃是民主生活方式之基本要素。自立國初期，美國人民卽具有一種「貪錢」的弊病。惟促進美國社會發展的原動力，絕非金錢，而爲彼等所熱愛之「精神自由」(Freedom of the mind)；此種精神自由，乃與普及教育的信仰，構成一種未可分割之關係。於是多方運用教育方式，促進人民各項事業之發展。

美國第三任總統傑弗遜（Jefferson）曾謂：美國人民對於普及教育之具有堅定信仰，蓋認爲一切教育設施，其終極目的，莫非在使全國兒童，均能享受讀、寫、算的教育。傑氏則堅信對於所有傑出人才，均應予以同等之發展事業的機會，乃爲顚撲不破之眞理。渠謂：整個社會貧困，唯獨少數貴族階級富裕，此乃極端危險之事。如將貴族階級所有的權益，分贈社會大衆，使貧困之天才人物，亦能獲致同等之發展機會，則社會自必安寧進步。傑氏進而希望全國精英之士，不論貴賤，皆能獲得社會的福利；唯愚劣不堪造就者除外。足證傑弗遜的觀點，與當今美國人士的見解相似；即相信免費公共教育，乃為精神自由的基礎。民主生活方式及事業機會之均等，係美國朝野人士一致的主張。因此，美國朝野竭力主張繼續從事單線教育階梯制之實驗。同時，並繼續反對階級勢力、悲觀主義、獨裁思想，及特殊權益。

本書在以敍述方法，對美國各級教育設施，作客觀之報導，儘量避免主觀之評斷。蓋一國之教育制度，必有其歷史傳統及事實需要，既難就學術見地作理論之研究，亦未可基於國力之強弱，而論教育設施之優劣。旨在使讀者認識美國各項教育措施，以為革新本國教育之借鑑。

雷國鼎識於國立臺灣師範大學

中華民國五十九年三月五日

美國教育制度　目次

雷國鼎編著

美國教育制度

第一章　緒　論

第一節　概　述

美利堅合衆國，係由五十州所構成，其教育制度，各州間彼此互異，迄至目前爲止，仍未建立一種全國統一的制度。依據美國憲法第十次修正案(The Tenth Amendment to The United States Constitution) 之規定，美國的政治體制須維護國家固有的傳統，不得組織一種高度中央集權的政府。因此，全國各地的教育事業，應保留於各州或人民。

美國聯邦憲法歷次修正時，雖未直接涉及教育問題，但其間若干規定，却與教育有關。例如，第一次修正案 (The First Amendment)，即載明國家與教會分開。從而任何一州，均不得以公款補助教會學校或設置實施宗教教育的學校。又如第十四次修正案 (The Fourteenth Amendment)，乃使最高法院 (Supreme Court) 有權裁定任何一州或學區均不得建立一種種族隔離的學校。至於種族隔離的政策，尤在禁止之列。

若干年來，美國最高法院，直接裁決有關教育的事務，已達五十次之多。窺其歷次裁決之旨趣，要不外確立一種全國性的政策，以爲各州制定教育計劃的依據。因此，任何一州均不得訂定違反此等裁決的教育政策。例如，最高法院裁定，任何一州均不准廢止或禁止設立教會學校或私立學校，並規定一切公立學校，均係州立學校，而非地方教育機構。(註一)

歷年來美國國會，曾通過不少使用經費補助各州公立學校及大學教育的法律，並規定各州對於此等款項須作有效之運用。惟聯邦政府既不得管理學校，更無須制定全國性的教育計劃。

各州均自訂一種州憲法，各州憲法內皆列有關於教育的條文。依據一般州憲法的規定，州議會對於州內教育，具有下列之權能：(1)制定一種公共教育計劃，並用公共稅款資助之；(2)禁止使用公款補助私立學校；(3)訂定有關教育之基本政策。此外，州議會並有權確立州內一般公立中小學校及高等教育機構的施教方針、行政組織計劃及各項教育設施。惟各州議會制定之教育法令，須受州最高法院之約束，必要時州最高法院得予再審；設此等法令與聯邦法律或聯邦政府的政策相抵觸時，則由聯邦最高法院裁決之。

在法律上雖未明令規定，州政府須容許地方人民自行設置並管理本地的學校，惟一般州政府每將建立地方學區或地方學制的權限，付託於地方政府及人民，使其實質上具有制定所轄區內各類學校行政組織系統及實施方法的權能。通常各地人民對於地方事務，均享有廣泛之自由，任何決定，倘若不與州憲法或州法律相抵觸，均不受州政府之約束。

大多數的州，其地方學制，或地方學區乃爲一獨立之政府機構。通例此等機構在法律規定範圍內享有處理稅收及公有證券之權力，惟其權力之實施，一部份付託於地方教育董事會，一部份則由地方學區內之居民運用投票方式決定之。一般言之，美國全國各地的人民，均深切認爲教育與國家福祉，具有不容分割的關係，故彼等堅決相信，各地方學區的居民，應享有決定學校類型及經費資助限度之權，此項權限，地方政府不得干涉之。

第二節　美國教育的演進

（一）十五世紀至十八世紀的美國教育

從十五世紀到十八世紀的三百年間，可稱爲美國教育的發軔期(The Dawn Period of Education)。美國的普及教育制度，爲美國文化發展的具體表現。在這三百年間，不論何種思想或觀念，都變成了美國文化與教育的基本要素。早先，美國人一面將大西洋區域舊大陸(Old World)的自由觀念移植進來，並使其繁榮滋長；一面又深受向西邊拓殖(West-expanding Frontier of Settlement)的刺激；在這兩種情況的激盪下，遂產生一種鄉土觀念(Native Ideals)和實證方法(Realistic Instrument)。此種鄉土觀念和實證方法，便成爲普及教育的淵源。美國今日的普及教育，仍未脫離此種思想的影響。

當時美國的朝野人士，咸主採用非常之措施，以掃除「過去的障礙」(Dead Hand of the Past)。所謂「過去的障礙」，係指舊大陸的悲觀主義、保守主義，以及培育社會之英才或雙軌的教育制度而言。

彼等認爲設若沿用一種階級制度（Class System），將使一般人民的天才和能力，受到抑阻。所以，他們便主張採用一種萬人同等的普及教育制度，使人民能各展所長，而不致受階級的限制。

在美國的北方，由法國傳入一種封建的和保持貴族與貧農對立爲基礎的文化形態。當時，美國土著的人民祇能在五大湖（The Great Lakes），加拿大之盾（Canadian Shield）以及密士失必流域等處的荒野之地，進行物物交換的皮革貿易，不僅思想簡單，生活亦極原始。當時的教育，主要的掌握在教會手中。學校教育的重心，卽以中古時代經院哲學爲基礎，而訓練一種領袖人物。在美國的南方，西班牙建立一種西美文化(Hispanic-American Culture)；此種文化，乃是美國印第安（Amerind）文化和一種極端封建文化的混合物。當時在美國洛機山脈東部的大平原，東南部，以及加里福尼亞州等畜牧及礦產區域，進行一種傳統的非正式教育；此種教育，主要的是由牧人（Vaquero）傳授一種實際的管理畜牧的方法；正式教育，祇限於上層社會。上層社會所實施的教育，仍舊是以中古時代的經院哲學爲基礎的。

北美東部的美國人，首先摒棄舊大陸的因襲思想，開始接受世界各地的新思潮。不久，歐洲的自由觀念，便傳入美國；而且，由於人類向西邊移民的結果，遂使寧靜的人類生活，產生一種社會激動的波濤。從大西洋區域傳來的自由觀念，乃成爲當時美國人民生活和教育的主要形態。英國的思想家，對於美國思想的發展貢獻頗大，其中尤以洛克(John Locke)爲最。洛氏關於人類個體的完整和尊嚴，以及在有機社會中個人應有的權利的主張，甚得美國人士的讚許。法國的思想家，在美國擺脫舊大陸因襲思想的控制，進而獲得思想自由的過程中，亦有極大的貢獻。其中法國唯實主義的思想家，狄德洛(Diderot)及孔多塞(Condorcet)二人，並曾協助美國的思想家從事實際資料的科學分析。同時，浪漫主義的思想家，如盧梭(Rousseau)等人，提出關於個人的重要性及其自由之生長的主張，對於當時美國的思想界，亦予以有益之刺激。

發軔期中的美國人，曾將歐陸傳來的自由觀念，和自身的經驗結合，而創造一種新的生活方式。這種新的生活方式，乃是以自由，不爲威脅所屈服，民族的生存，以及推翻任何外來的壓抑等信條爲基礎的。憑藉這些信條，美國人便開始創造一種以民主爲基礎的正式與非正式的新教育制度。當時，在正式教育方式上最顯著的成就，便是建立一種以社區爲範圍的學區制。這種制度，在新英格蘭區所實施的，尤著成效。同時從麻薩諸塞直到喬治亞一帶，都先後成立了若干大學。此外，美國人在中學教育領域內，還從事若干試驗性的活動。最著名的便是一七四九年，富蘭克林(Benjamin Franklin)關於舊制中學(Academy)的建議；在這種中學內，開設與人民生活具有直接關係的廣泛課程。在非正式教育方面，美國人認爲對於任何一種職業的訓練，姑無論是父子、母女或師徒訓練，都應一律施予業務性的職業訓練(Functional Vocational Training)，即使手工藝及家事，也不例外。此外，並採用各種輔助性的教育活動，諸如印刷書刊、小冊子及報紙，用以加強非正式的教育設施。類此各項設施，都當做是一種「平民學校」(School of the People)。同時，還出版農業、建築、造屋及造船等各種手冊，以作爲早期美國工人教育的重要資料。

美國普及教育概念的確立，得力於一般思想家的幫助頗大。其中尤以傑弗遜、華盛頓、亞當斯(John Adams)及富蘭克林等人，均能排除衆議，力克萬難，對於普及教育之發展，確有莫大之助益。從此，美國的教育，才開始用公共稅收維持學校的設施，教會與國家分離，採用機能課程，及確立機會均等的教育政策。在十八世紀末，美國革命成功，美利堅合衆國於焉建立，美國的教育，乃發生一種極大的轉變，是卽教育發軔期的終結，教育成長期的開始。當時適值戰爭時期，致使美國普及教育的「單一制」(Unique system)，具有與衆不同的特點。

我們要研究美國的教育制度，必須了解所謂分區學制(District School System)。蓋此種分區制，爲美國教育行政方面地方分權制的基礎。近代教育家蘇則樓(Henry Suzzallo)，卽稱此種制度下的學校爲「民立學校」(Folkmade School)。分區制以縣市行政區域的範圍爲基礎，全美五十州，當時計有一〇〇、〇〇〇學區。這與歐洲實行的中央集權制頗有區別。美國之所以採取學區制，蓋與人民住處之分散，地方政府之成長，以及民主思想之澎湃，大有關係。美國人多以鄉村爲中心，環繞而居，新英格蘭市，卽其一例。在這個區域內，有單獨設置的教堂、市政廳(Town Hall)及學校。上述各種建築設備，卽爲本區人民祈禱、聚會及學習的場所。嗣因人口日增，各洲移居美國的人民，亦日益加多；於是在每個鄉村附近，又無形增加一個鄉村。這個外來的鄉村(Outlying Settlement)，乃自行組織地方自治政府，包括教堂及道路建築在內的一切市政興革事項，悉由區政府自理。因此，在這種外來鄉村中，便自行設立私立學校。此類私立學校，冬季由教師主持校務，夏季則由婦女辦理，故亦有

「婦孺學校」(Dame School)之稱。彼等之所以採取此種特殊措施，旨在減輕地方財政當局的教育經費負擔。然而此種措施，無形中使學校變成一種「活動學校」(Moving School)。換言之，冬季由教師主持時，尚可進行正常之課務；夏季由婦女辦理，事實上形同停頓。此種學校的教育成果，不能令人滿意，自爲意料中事。美國中部各州及賓州西部等地，乃首先於各該州之邊區，創辦一種適於邊區農民需要的本地學校(Indigenous School)，以爲學校教育之改革。嗣於美國革命成功後，麻薩諸塞及新英格蘭諸州，乃制定本州分區制度法案，正式實施學區制。

美國的社會，自中產階級興起後，社會與教育，乃發生一種重大的變化。因此，我們可以說，一個國家的人民，如果中產階級佔絕大多數，則此一國家內人民貧富懸殊的現象，將日益減少。當時，美國社會上產生的一種新興中產階級，是由少數農民、手工業者、商人及小型製造商所構成的；彼等堅決主張教育機會應人人平等。各區設立的學校，即是達成教育機會均等的有效方決。不過，當時的教育，內容過於貧乏，祇不過是一種三 **R'S** 的教育而已。

在一種早期的工業社會(Eotechnic Period)中，教育的形態，即是一般人民生活方式的直接反映。因爲在早期的工業社會中，人類常以人力、風力及水力，來使用各種工具，操縱各種機器，在此種情況下，生產遲緩，產品低劣，家庭中的各個份子，都是一種生產單位。在生產過程中，年長者爲增進生產效能，乃相機實施一種生產技能的教育。所以，早期的工業社會，是一種手工業社會；早期的教育，也是一種手工業教育。當時的初等教育，分爲正式教育與非正式教育兩種。前者着重以三 **R'S** 爲主的讀寫及畫圖；後者則爲適應日常生活需要的手腦並用教育。這種非正式的教育，多半利用父子或母女關係來進行；有時則採用鐵匠，造船匠及機輪匠的藝徒訓練辦法。此種匠工式的藝徒訓練，雖非一種正式教育，然而在實際上，他們所採用的都是一種很有規律的「行中求知」(Learning and Labor)的訓練。其中尤以關於閱讀能力之訓練爲然。正式的初等教育，則利用本區的教堂、學校及鄰近的鄉村，分別實施。然因種種限制，區內兒童，常未能全體入學，卽使入學受教者，也祇能享受爲時三月的短期教育。至於中等及高等教育，則爲歐洲中世紀及文藝復興時代的教育形態，重視古典語，和保存古代文化的教學。這種教育，祇能在歐洲，貴族及男性中心社會內實施；如果移至美國，則殊覺未合。

(二) 十九世紀的美國教育

十九世紀爲美國教育上的成長期(The Formative Period of Education)。這個時期的教育設施，對於美國近代的教育，具有一種決定性的影響。美國得天獨厚，物質充裕，故能從事一種公共的免費的，靠稅收維持的、非宗教的,以及普及的教育制度的實驗。當時的歐洲大陸，則在實施雙軌制 (Two-track System)的教育，將貴族與平民分爲兩軌施教。這種教育制度，自爲美國人所不取。蓋雙軌制的教育，實爲製造社會衝突的導火線。

美國教育的成長，與文化形態的重大改變具有直接的關係。所謂文化形態的重大改變，係指思想的變遷，市鎮及地區的增加，邊界的擴展，以及工業科學的加速成長而言。在舊工業時期(Paleotechnic Period)，最大的特徵，便是利用蒸汽機作爲運輸和生產的工具；邊區與大都市，則以鐵路交通網聯繫。當時，世界各地的人民，紛紛移居美國，因此美國大陸從城市到鄉村，遍地都是外來的移民，城市的數量，亦隨之增多。外來人民，多半各操一種方言；情感交流，頗感不便。所以，當時的美國教育，除加強實施三 **R'S** 的教育外，還特別着重一種歸化教育。質言之，卽是從社會，經濟及文化等三方面着手，使外來移民，能逐漸美國化。

自一八五九年達爾文的「物種原始」(Origin of Species)出版後，在人類的基本知識方面，乃掀起一種革新的浪潮。因爲達氏所提倡的「進化論」(Evolution)，一面予科學以有力的鼓勵，一面又對中世紀的神學，及文藝復興時代的古典主義，給予無情的打擊。當時的美國，除在國內埋首致力科學研究外，並派遣留學生到各國留學，期使此種新奇的研究，能逐臻成熟的境地。所以，美國從當時最重要的新奇思想(Original Thinking)起，直到科學，創造文學，以及藝術的研究爲止，都作普遍的探討。當時，人類爲便於相互間的思想交換起見，乃運用若干有效的設施，作爲人類交換思想的工具，此卽圖書館，報紙和定期刊物之所由生。如哈普斯(Harper's)，大西洋月刊，及大衆科學月刊等，都是著名的刊物。在這個時期，由於浪漫主義的革命(Romantic Revolution)及其進步觀念，與科學的研究及其相伴而生的舊工業革命(Paleotechnic Industrial Revolution)，兩相混合，遂產生一種新批判唯實主義(New Critical Realism)。迨至新工業期(Neotechnic Period)，世界各國又有多種驚人的發明。如愛迪生發明的電燈及發電機，賽登(Selden)的汽車，霍伊(Hoe)的旋轉印刷機，柏爾(Bell)的電話機，及蘇萊斯(Sholes)的打字機等。當時的美國，是一個單純的，民主的，和實施地方自治的國家，所以在廣大的農村社會中，到處都設置一種地方公立學校(District School)，實施簡易的識字教育。可是，自十九世紀以來，美國各地由於外來移民的增加，遂使各地鎮市林立，人口驟增。原有的地方公立學校，自然就顯得學生擁擠，校舍不够分配了。於是，在若干新近建立的城市社會中，便紛紛設立學校，實施一種職業性的普及教育。所以當時的學校，多半着重製造業、貿易業及農業的訓練。在這些城市社會中，千百位兒童，都擠在一所設備簡陋的學校，這種教育，當然不能令人滿意。嗣後，爲適合多數兒童的需要，乃一面改變學校的組織，一面充實學校的設備。直到十九世紀末葉，才創設一種八年制的小學。所以，在一百年以前的美國小學，不僅設備簡陋，教師尤感奇缺。通常十六名兒童以上，才有一位教師，在一所簡陋的屋宇中，從事一種識字及計數教育。

美國的教育制度，從十九世紀末到二十世紀初，才小具規模。當時的學制，包括幼稚園、八年制小學、四年制中學及學院。此種制度，純粹是一種普及教育制度，其目的在於實施一種合乎全體人民需要的教育。小學，以其對於一般人民的影響特別深遠，故當時的小學，便成爲教育進步中的一個重要因素。在南北戰爭以前，霍里斯曼(Horace Mann)及鮑拉德(Barnard)等人，曾積極致力於小學教育的改革。南北戰爭結束後，因受斐斯塔洛齊學派的影響，乃在奧斯維構(Oswego)市從事實物教學的研究。自此以後，美國的教育，才有顯著的進步。此外，赫爾巴特學派的教育思想，對於美國教育的進步，亦有莫大的助益。戴嘉謨(DeGarmo)及麥克馬利(McMurrys)等人，並將赫派的教育理論，用於教學方法及課程的改進之中。他如伊利諾州的施翠特(H. H. Straight)和紐約州的康斯脫克(Anna B. Comstock)所進行的自然研究，對於當時的美國教育，也具有一種助長作用。在蔴薩諸塞州的昆則(The Ouincy)市，進行教育實驗的派克(Francis W. Parker)，及其繼承者在伊利諾州的柯克縣(Cook County)所從事的教育研究工作，對於美國教育方法的改進，尤多貢獻。他們的理論，不僅改善了小學課程中的讀、寫、算問題，藝術、體育、地理及自然等科目，亦深受其影響。

由於工業革命的影響，城市人民的生活方式，也就大有改變。人們對於在學兒童的要求，不僅希望他們能精通讀寫算諸科目，更希望用一種良好的機械活動，養成兒童的勞動習慣。當時美國的學齡兒童，多半都能免費就學，不但兒童就學率日漸增高，而且還延長修業年限，和改進教學程序。從此，自小學直到學院，都有一種正規的教學程序。學生入學，悉以各生的年齡爲準。同時，各地的學校，也都有一種固定的課程和考試制度。不過，這種制度，很快就變成一種「學校機械」(School Machine)。學生們最感困難的，便是每一學年結束時的考試。大多數的學生，都不能順利通過這種考試，若干資質遲鈍的學生，從五年級或六年級起，直到離學年齡(School-leaving age)階段止，常有留級的情事發生。

八—四—四制的學制，一面難於適應青年學生的需要，一面又與新近的科學研究衝突。同時，各級學校的設施，對於學生特殊才能的發展，不但具有阻礙作用，且未能切合社會進步的需要。所以多數學生，在未完成小學教育時，卽行離校，是卽表示學校教育，確有大加改進的必要。因此，在十九世紀末葉，一般社會人士、教育家、學生家長，以及學務董事會（School Board），對於學校教育，都極力設法改善，務使各級學校的設施，均能適合社會變遷的要求。

（三）二十世紀初葉的美國教育

二十世紀初葉，是美國文化形態的過渡期（Period of Midpassage）。在這一段時期，美國人想以睿智的方法，適應新興的功率強大的機器（Power Machines），和新的生活哲學，遂將舊有的生活方式，予以根本之改變。這種功率強大的機器，在人民與環境間，乃造成一種新的關係。因此，當時的美國的科學研究和工學(Technology)的發展，遂成幾何級數的增長。而且，由於私人的研究實驗室，及高等教育階段中科學研究的加速進展，使重工業的機器、汽車製造原料，以及輕工業的消費品，日漸加多；於是，便形成一種新興的集體生產的中心，是卽新工業期(Neotechnic Period)的開始。在此時期，將一種功率強大的——新機械工學的理論，普遍應用於電動機、高效率內燃機（Internal-combustion Engine to the Diesel Motor），以及噴射、火箭與原子動力單位等各方面。每一種發明，都成爲改變人類生活方式的物質基礎。例如內燃機應用於汽車時，很快的就產生了一種新的公路網，不僅使市區的範圍日益擴大，學校彼此間的聯繫日漸加強，且使飲食規則及道德標準，也發生極大的改變。其次，當內燃機應用到飛機方面的時候，又不僅縮短了世界各地的距離，更使戰爭破壞的方法，層出不窮。又如使用原子動力撞擊原子核（Nuclear Fission），即可產生一種巨大無比的力量，這種力量，不但可以傷害其他星球上的生物，更能摧毀地球上人類所有的文明。後來由於科學的進步，人類乃將那些功率強大的機器，變成造福人羣的工具，如製造各種自動車輛，無線電報及眞空管等。在過去的五十年期間，人類即能用人爲的科學方法，增進人類受納器及反應器的功能。由顯微鏡到望遠鏡，由電視管到雷達，由自動火箭到電子計算機（Electronic computers），凡此種種，都是助長人類感官作用的科學利器。人類的歷史，雖然由於科學的進展而發生急劇的變化，但此種變化，並非進步的表徵，而是人類的衝突與毀滅。特別在新工業時代，尤將產生強制與自由，恐懼與眞理，個人權利與集體方法等等的衝突。假使當時的人類，具有高度的智識水準，而能善用科學的成果，則人類在運輸、交通、貿易及政治等各方面的成就，決不止於今日之境地。

二十世紀的前半葉，由於科學及工學的加速進步，各種創造及發明，又層出不窮，乃使當時的社會和文化發生極大的改變。現代生活的混亂與複雜，各地皆然，其中尤以美國爲最。蓋由於美國人口激增，各地移民的日漸加多，以及社會的變動性太大，所以美國的社會，顯得非常複雜，美國的文化形態，也因而具有極大的適應性（Flexibility）。最近，在美國有一種新的趨勢，即是設計及利用各種新式的功率強大的機器，用以增加生產，提高國民的生活水準。就目前的情況看，美國的生產力，已超過消費力，換言之，美國人民正常的購買力，已經難於適應生產力的要求；加之國際關係的改善，又遠不及美國內陸的交通，所以美國人民的生活方式，如以機械工業臻於高度發展的眼光觀之，尙未免顯得稍形落後。

近年來由於美國人口遷移運動的劇烈，乃使美國社會產生一種嚴重的變動性（Dangerous Mobility）。十九世紀的邊區人口向西移的情形，雖不復見；然而二十世紀中人口無限的轉移，使得各地人口的異動，顯得非常混亂，美國有識之士，對之深感憂慮。目前，美國的人民，類多由鄉村移居城市，由城市移居郊外，由南方遷至北方，由氣候惡劣的北方，搬到風和日暖的南方，由乾旱區域，遷居太平洋岸。所以今日美國的教育家，最感棘手的問題，便是教育應如何適應人口變動的要求。咸以爲一種優良的學制，須能使每一學區內的兒童，都能具有同等之受教機會。庶免因人口之聚散，而發生受教機會的不等。就廣義方面觀察，二十世紀美國教育的效果，仍有若干値得批評的地方，有人就認爲美國的教育，過份「崇拜中常」（Cult of the Average），因此，特別重視基本技能的訓練，和書本知識的傳授，而忽略理智的陶冶，及天才的培育。教育上的任何措施，都以適應中常人的要求爲主，對於智能優異的人，反棄而不顧。

另外，則有人認爲舊式的三 R'S 教育，與今日美國所實施的一種專業性的統整教育形式（Integrated Educational Pattern）衝突。美國的教育，因不能適應一九一四年以前的那種秩序井然的世界，所以那種井然有條的世界，目前已變成混亂不堪了。一般觀察家認爲，杜威（John Dewey）最有價値的言論，乃是「學校必須生活化，然而今日的學校，並不能適應生活的要求」。學校的課程，過於缺乏適應性，固不足以幫助人民適應新的社會和經濟情況，尤不能予人民以適當之公民訓練。今日的世界，由於社會科學及自然科學的突飛猛晉，已使整個的世界完全改觀；所以學校的課程，決不能仍以傳授人文知識爲能事，而必須改弦更張，徹底調整。同時，美國的教育界，尙未了解美國青年的宗教及家庭生活，由於汽車及電影的影響，而發生極大的改變。就一般的情況講，美國人的一種完備人生哲學（Philosophy of the complete life），包括娛樂、職業及政治等三項，今日的學校教育，則未能滿足上述的要求。

有人認爲一張美國教育的分佈圖，很使人感動——二千八百餘萬的中小學生，及二百餘萬的大學生——但是，美國一般學生的知識程度，却不及數目之令人讚佩。他們了解美國人必須將學校變成一個「鎔解的鍋爐」（Melting pot），去融化由波蘭猶太村（Polish Ghettos），西西里的鄉村（Sicilian Villages），以及北歐的許多城鎮移來的兒童，使能凝結成一個整體；然而，他們也想到各地的社會生活既彼此互異，有的兒童又受到「錯誤軌道」（Wrong side of the tracks）的影響，要想實施一種有效的歸化或矯治教育，是頗不容易的。更有進者，那些原有的小型紅色校舍的私立學校，已顯得不合時代，然而美國的法律，却不能禁止私人設校，這便是美國教育制度的最大缺陷。雖然美國力言民主，但是，美國的教育，其階級性之大一如英國然。那便是美國的一般家長，總是樂於送子女進私立學校，以保持父母爲其子女安排學校的自由。這種趨勢，並未因時日之久遠而消失。

在魏瑪時期（Weimar Period）以後，納粹執政以前，若干有資格的德國觀察家，對於美國教育的印象，曾有下列之敍述：「美國的教育，是一種普及教育的單軌制，未設中央教育部，而由各州及地方教育董事會（Local School Board）掌理教育職責」。因爲沒有中央教育部管理全國的教育，所以美國的教育精神與目的，乃與歐洲大陸國家完全不同。歐洲大陸派的國家，學校行政當局，具有無上權威，教師的聘用與解聘，悉由學校行政當局決定，而且還規定須通過教員試驗的合格教員，才具有「終身聘」（life-tenure）的資格。美國學校的情形，則不如此。其次，德國的觀察家對於美國教育的第二種印象，則爲：「美國公立學校，不受教會勢力的影響」。這與德國南部的天主教，北部的路德派之干涉學校教育的情形，迥然不同。所以，德國的觀察家咸認爲美國的教育之所以能以大衆爲目的，美國人民生活方式之單一化（Unique），殆爲其主因。因爲美國人的哲學，在以大衆化的教育爲先，天才教育次之。此外，美國的教育，在於訓練靈敏的動作（Intelligent action），而不似德國之重視審美與觀念之分析。所以有人說，德國的教育，其結果乃使人由眞實的觀念世界，退縮到模糊的觀念世界。相反的，美國的教育，則予人以健全的工作能力，與樂觀及實事求是的態度。

美國的若干分析家，則認爲二十世紀的美國教育，在機會均等與人文經驗及環境兩方面，進展神速，而使大多數的學校，祇有一間教室，一位教師，進行一種記憶學習式的教學。誠如杜威所說，美國教師，常將世界納入教室之中，致使學生難窺世界之全貌。舉凡足以啓發青年學習興趣，促進青年生長的完善工作場所、實驗室、圖書館、視聽教材以及文學書籍，一概棄之不用。所以康斯脫克，即認爲教師應引導兒童於教室之外，使其深入世界，研究自然環境。這種教育，不僅以三 **R'S** 爲基礎，更是斐斯塔洛齊及格狄(Geddes)所提倡的三 **H'S** 的縮影。所謂三 **H'S**，係指頭、心及手而言。

學校經驗，須爲良好之設計，因爲此種經驗，不但關係個別差異，且與人類生長的歷程有關。美國今日採用之六－三－三制，是否可行，須從兒童、青年及年輕成人的生長階段，予以徹底檢討。自一九〇〇年初級中學開始籌劃，第一次世界大戰後正式成立以來，論者多有非難。在其成效未彰之際，而論成廢，似乎言之過早。然爲適應二十世紀之文化及工學的要求，似須設立一種優良學校的中心。蓋二十世紀爲機械與航空時代，人類之城市生活不特較往昔複雜，且其出國遊歷的機會，亦日漸增多，爲適應此種要求，學校制度之改革，乃成當今急務。

人民都希望子女，能受到一種完善教育，然而教育設施，却不能配合時代的進步，所以常常事與願違。由於社會的變遷，使前述之一位教師，一間教室，及以三 R'S 爲中心的簡陋教育，與富有機動性的，具有各科教員、實驗室、圖書館以及經驗廣闊的教育之間，發生一種顯著的差異。所以地方公立學校，或能適應每一平方英里祇有二至四人的鄉村生活的要求；然而，如果用來教育今日之如此高度的、複雜萬端的工業生活下的人民，遂不免顯得過於落伍。我們如將一間教室的學校，視爲輔助機關則可，若當作正式教育機關，便覺愚昧可笑。因爲一間教室式的簡陋教育，實不足以適應現代生活的要求；現代人類的生活，並非定居一處，而是遠遊四方的，既須與本國人接觸，又須與世界各地的人民相往還。所以今日的教育，應富有機動性，以適應人類變動生活的要求。

（四）二十世紀中葉的美國教育

我們要了解美國普及教育的形式，必先研究美國人民的生活方式。因為美國的教育制度，是美國之重要社會及文化制度的一環。其數量、組織及推廣活動，不僅具有特殊的意義，且其哲學基礎、課程、方法，以及對於一般文化的影響，亦不可小視。我們曾經講過，美國的普及教育制度，不是憑革命手段或政府的法令建立的，而是從美國人民的民主生活經驗中逐漸演變而來的。

美國人雖然很重視國家教育事業，但迄今仍無一張明確可考的全國性教育詳圖。據一九五〇年的統計，由小學至大學，學生總數超過三千萬，在全國一億六千萬人口中（註二），平均每五人中即有一人就學。五至十七歲的學生，百分之九十以上，均已入學，其就學率之高，幾為世界各國之冠。離學年齡，各州規定不一；其中四十州定為十六歲，餘則規定為十七歲或十八歲。絕大多數的州，都規定七至十六歲為強迫入學時期。據最近的統計，美國的小學生，約有二千一百萬，中學生七百萬，大學生二百萬（註三）。每日乘校車往還的學生，也在五百萬以上，較瑞士全國人口總數還多。美國各級學校的教師，總數已超過一百萬（註四），學校以外其他教育機關的人員，尚未計算在內。一般教育工作人員的待遇，較之全美各公務機關人員的待遇，亦高出百分之三。美國各級學校，全年所需教育經費，約在六十億美元以上（註五），學校建築，包括設備場地以及二十萬幢以上的校舍，每年亦需消耗一百二十億美元。

美國普及教育的最高理想，在求教育機會之均等。此種均等政策，並於一九三〇年明令載於白宮會議報告的第十九號文件中，名為「兒童憲章」（Children's charter）。茲將其中之重要規定，摘錄於後：

(一)應給予兒童一種良好的精神與道德訓練，期能不因生活之壓迫，而向現實屈服。

(二)使兒童認識並尊重自己的人格。

(三)應供給兒童一種慈愛的與安全的家庭生活；即使由托兒機關撫育，其設施亦應與家庭相同。

(四)爲促進生育之安全，應實施孕婦產前檢檢，生產安全及產後調護辦法。同時，尙須設置一種安全的生產機關，專司其事。

(五)由降生至青年時期，應實施一種適當的養護，其中包括定期的健康檢查，特殊保育及醫院診斷；經常舉行牙齒檢查及保護；預防疾病的傳染；供給營養豐富的食物，純正的牛奶，及潔淨的飲料。

(六)由降生至青年時期，應有一種完善的保健辦法，如衛生教育、衛生計劃、身心鍛鍊及娛樂，以及學校教師和青年領導人員的訓練等，均須特別注意。

(七)應供給兒童一種安全、衛生及設備完善的單人住所；凡足以妨礙兒童發展的任何因素，均須設法消除，務使兒童具有一種諧和的、圓滿的家庭環境。

(八)應爲兒童設置一種絕對安全、衛生、與夫設備完善、光線調和以及空氣流通的學校。年幼兒童，則送入保育學校及幼稚園，以補家庭保育之不足。

（九）應供給兒童一種合於文化及社會需要，保護身體健康，增進道德修養，以及不染病疫的社會環境，使能從事一種安全的遊戲，和有益於健康的娛樂。

（十）應供給兒童一種便於發現及發展個人才智和預備生活的教育，使能接受適當的訓練和職業指導，而獲致一種完美的生活。

（十一）應使兒童接受一種將來做父母，擔任家事，及運用公民權利的預備訓練；對於父母，則實施一種適當的父母教育，使能善爲父母。

（十二）應使兒童接受一種安全教育，及處理現代生活中偶發事件的訓練；所謂偶發事件，係指對於兒童具有直接關係的危險事件，和傷害兒童父母或使父母殘廢而間接影響兒童的事件。

（十三）對於身體殘缺、精神失常的兒童，應及早予以矯治，庶使此類兒童變成社會的資產，而不致成爲社會的債務。矯治所需費用，亦須由政府負擔。

（十四）對於社會不良適應的兒童，應由家庭、學校、教會、法院以及一切社會機關，設法使其回復正常之生活，而不可棄而不顧。

（十五）兒童有權獲得一種具有適當之生活水準和固定收入的家庭供養。蓋家庭爲保護兒童生長，排除社會障礙的唯一機關。

（十六）凡足以妨礙兒童身心發展的任何工作，及剝奪兒童交友遊戲和享樂等權利的任何教育設施，均應一律廢除。

（十七）對於鄉村兒童的教育及衞生保健工作，應與城市兒童相同；舉凡社會娛樂及文化等各方面的設施，均須便於推廣至鄉村的家庭。

（十八）充實家庭及學校有關兒童及青年訓練的設備，儘量鼓勵與擴充私立的兒童及青年組織，務使現代生活中，不致有欺騙兒童及青年的事情發生。

（十九）全國各地應一律舉辦衞生、保健及兒童福利工作，無論區、縣或社區，均須成立衞生、教育及福利組織，設置專任人員，負責籌劃區內有關衞生、教育及福利等事宜。必要時尚須聯合各州，實施一種全國性的文敎統計及科學硏究工作。玆將實施要項，規定如次：①訓練專門的公共衞生人員、護士、衞生視察及實驗工作人員。②設置合於實用的醫院病牀。③設置專門的公共福利機關，在消極方面，辦理兒童救濟、急救、以及特別窮苦或行爲缺陷兒童的指導工作；積極方面，教育兒童，不使其養成惡習、怠惰、道德缺陷或被人利用而爲非作歹的行爲。

總之，每個兒童，不論其種族、膚色、或社會環境，都可在美國國旗保護之下，而過着自由幸福的生活。

「兒童憲章」的十九種目標，不僅說明了教育的領域，更予民主社會的需要以詳盡之解釋。無論學校、文化機關、圖書館、博物館、家庭、以及社會機關和教會，均須切實遵守。

目前的問題，單在各級學校如何將此種目標付諸實施。學校的責任，即是引導兒童由嬰兒期直至成熟期，使能具有正常之發展。那末，學校又如何使美國一億數千萬人民具有同等之教育機會，或受到適於身心發展的教育呢？這是一個極端重要而必須解決的問題。全美一億數千萬人口，分佈在三百餘萬平方英里的陸地上，這塊陸地所佔的面積，北至五大湖區域的寒帶，南到南方的亞熱帶。美國的物產饒富，科學發達，自然資源如糧食、木材、水力、煤炭、石油及礦產等，與夫科學的生產技術、分配、運輸、交通及重要的科學研究等兩方面，亦具有平衡之發展。美國採用的民主生活方式，已統治這種廣濶的土地，達一百九十餘年之久；它不但利用自然的資源組成一個新興的國家，而且還將不同種族的文化，融化在一爐。當前美國的生活方式，正面臨一種領導全球的新責任，和利用原子，開發河流，及研究生活細胞爲基礎的一種新技術，教育卽是繼承過去文化，和擔負未來責任的基本工具。

美國的公共教育制度，分爲五十種州學制，三千多種縣(County)教育組織，及二萬餘學區。聯邦政府所設的教育署，除直接管理聯邦政府所轄區域內的學校外，主要爲一種研究調查或諮議機關。各州學制，係根據各州的單行法規所訂定，在同一轄區內才實施同一種制度，故有學區之稱。這種單一的「民立學校」的發展，不僅變動太大，而且也極端危險。美國各地的稅收，多半用在教育經費上，因此，地方政府對於教育經費的負擔甚重。而且各地貧富懸殊，貧窮的鄉村與富裕的城市，在教育設施上就顯得極不均衡。師資訓練及教師待遇，亦因學區大小及財政收益而有不同之規定。各校教師除採用教科書爲基本之教學工具外，尚利用學校圖書館，視聽設備，以及郊外旅行，以補書本知識之不足。

目前在美國邊遠地區，以及共和國成立之初，所實施的一種非正式教育，迄今尚有加強的趨勢。美國在二十世紀中葉實施非正式的教育機關或團體，種類繁多，最普通的有家庭、教堂、俱樂部，圖書館、藝術館（Art Galleries）、博物館以及各種傳遞思想的印刷文字等。其實施方式則有運用影片技術、無線電、收音機、電視以及一切用口語表達情意的方法等。此類非正式教育機關或團體，對於美國文化的形成與發展，具有莫大的關係。

兄弟組織及各種服務性的俱樂部，在美國各地，非常流行，目前已成爲美國社會上的一種重要組織。美國社會人士，對於類此之各種組織，雖極重視，但關於此種組織與教育的關係，則不够明瞭。有人認爲這些組織，即是試驗美國民主生活經驗及民主生活技術的一個實驗室。共濟會（Masons）、國際人士聯誼會（Kiwanians）、扶輪社（Rotarians）、麋鹿會（Moose）、美洲麋社（Elks）、獅子會（Lions），以及各種婦女俱樂部等，在今日美國的社會中，極爲一般人民所歡迎。這些組織，幾乎每週都舉行各種非正式的教育活動；因此，對於美國人民生活方式的影響，非常重大。這些非正式的教育組織，乃是一種單純的社會團體，其目的不僅在增進會員的社會、經濟、政治及倫理生活，尤在實施一種有關生活的教育活動。對於美國未來的教育政策，實有極大的影響。

美國的圖書館、博物館及藝術館，已成爲美國人民從事自我教育（Self-education）的唯一途徑；一般人民與上述各機關的關係，猶如其他星球之環繞太陽而運行然。美國公立圖書館，類多設置分館或巡廻文庫，對於人民知識之灌輸，技能之培養，實具有莫大之效益。

美國的藝術館，是人民研究和瞭解古代或近代藝術品的場所。今日的藝術館，不單是一些藝術作品的貯藏及陳列機關，更是啓發青年、成人及一般愛好藝術人士審美興趣的攝影室和實驗室。一種新型的博物館，也不祇是收藏文物古董，而是啓迪民智的一種教育機關。所以博物館的中心工作，乃是將人類的各種活動及其發展，予以系統的說明。

由於電影事業的進步，而出產若干極有價値的影片，無疑的這些影片給予人類發展的影響，實在無法估量。無線電收音機及電視，尤能將人類生活中的重大事件，很活顯的呈現在人們的耳際與眼簾，使人類具有身歷其境之感。報紙，則能用文字或圖畫，報導一些最近的科學研究與文化發展，假使我們能善加利用，當可獲得不少的益處。所以，有人稱報紙爲大衆化的學校，亦不無原因。今日的美國，無論電影、收音機、電視以及報紙等各方面，均遠較當前世界各國爲進步，所以美國人所受到的非正式教育，亦較其他各國的人民爲完善。

圖書出版及各種刊物雜誌，亦爲美國實施非正式教育的一種重要方法。美國的出版界，素不作派系鬪爭的工具，所出版的書籍，類多着重美國人民生活經驗之系統的研究與報導。因此出版界對於政治權力的研究，人類心智及精神的啓發，確有一種不可磨滅的貢獻。此外，教科書及參考用書，對於美國各級學校教育之推行，裨益匪淺。這可說是美國出版界的又一偉大貢獻。

總之，美國教育的主要趨向，即是利用正式及非正式的教育，使人民由生至死，在各種互相衝突的人類經驗中，作睿智的抉擇，進而求得一種完美的生活。所以美國教育的形式，即是人類生活條件的一個索引。人民得到這個索引，可以了解過去，權衡現在，和策劃將來。在整個的生活歷程中，則利用普及和個性教育的方式，使人民不僅由學校獲得各種必備的智能，而且還可憑藉若干交換思想的方法，及溝通文化的機械，去了解整個的世界。

第二章　教育行政機關組織

第一節　聯邦教育行政機關

(一) 衞生、教育、福利部

一八六七年，聯邦政府設立教育部(Department of Education)，與內政部並列。旋於一八六八年合併內政部，改稱聯邦內政部教育署(Office of Education)。一八七〇年，又改稱教育局(Bureau of Education)。一九三〇年易名教育署，仍隸屬於內政部。一九三九年改隸於聯邦安全總署(Federal Security Agency)。艾森豪總統執政後，於一九五三年四月十一日，將聯邦安全總署改組爲「衞生、教育、福利部」。

該部設部長(Secretary of Health, Education, and Welfare)一人，副部長(Under Secretary)一人，助理部長(Assistant Secretary)二人。均由總統提請國會同意後任命之。部長綜理部務，並出席內閣會議，副部長及助理部長，除協助部長處理部務外，於部長缺席時，可依次代理。

部內設三個平行單位，即公共衞生署(Public Health Service)，教育署及社會安全署(Social Security Administration)。各單位首長，均由總統提請國會同意後任命之。此外，尙有辦理部內各署之綜合業務的總務、會計、財務、人事、法規及圖書館等單位。

(二) 美國教育署

I 組　織

近年來，美國聯邦教育署，由於業務日趨繁劇，其內部組織，迭經調整。一九六二年二月二十八日，該署組織曾擴展為下列三局一廳：

1. 教育研究發展局 (Bureau of Educational Research and Development)：設教育統計、教育研究、缺陷兒童及青年、圖書館事業、以及教育組織行政等五司 (Division)，司以次復分為若干科(Branch)。

2. 國際教育局(Bureau of International Educ.)：設國際研究服務、及技術協助交換計劃兩司，司以下復分若干科。

3. 教育資助計劃局(Bureau of Educational Assistance Programs)：設職業技術教育、聯邦特區學校補助、州撥款、學院及大學協助等四司，司以下復分若干科。

4. 署長辦公廳：設新聞、行政、立法計劃方案，及實地服務四室，室以次復分若干科。

此外，尚設有專門顧問委員會，及國家教育諮詢小組。

一九六六年十二月三十一日，該署組織大加擴充，其所屬單位之衆多，為歷年來所罕見。該署置署長(Commissioner of Education)及副署長(Deputy Commissioner)各一人，助理署長(Assoc. Comm.)三人，分別掌理國際教育、聯邦州關係、及地區服務事宜。署長助理(Assistant to the Comm.)及專門助理(Special Assistant)各一人，承署長及副署長之命，辦理有關事務。地區助理署長(Regional Assistant Commissioner)九人，爲該署所屬九個地區事務所(Regional Offices)之主管人員。

該署署內之業務單位，計分七局(Office)，四廳(Bureau)及一個中心(Center)。各局、廳及中心以次，復分爲若干司(Division)及科(Branch)。局、廳置局長或廳長一人，中心設主任一人，司置司長一人，其所屬各科，各置科長一人。該署內部組織分述如次：

1.建設局(Office of Construction Service)：分建築補助(Construction Support)及機構發展(Facility Development)兩司。

2.行政局(Office of Administration)：分管理考核(Management Evaluation)、預算人力(Budget and Manpower)、財務(Finance)、人事(Personnel)、總務(Gen. Services)及契約六科。

3.新聞局(Office of Information)：分計劃補助(Program Support)、出版(Publications)及報導(News)三科。

4.法制局(Office of Legislation)。

5.計劃編制考核局(Office of Program Planning and Evaluation)：分計劃編制(Program Planning)及計劃考核(Program Evaluating)兩司。

6.教育機會均等局(Office of Equal Educational Opportunities)。

7.計劃改良局(Office of Programs for the Disadvantaged)。

8.國家教育統計中心(National Center for Educ. Stat.)：下設資料處理分析(Data Proc. and Data Analysis)、統計分析 (Stat. Analysis)、資料來源研究 (Data Sources and Stds.)、及設施分析 (Oper. Analysis)四司：

(1)資料處理分析司：復分資料分析、計劃考核制度(Prog. Eval. Systems)、進步制度設計 (Advanced Systems Design)、資料核定(Data Validation)及綜合資料制度(General Data Systems) 五科。

(2)統計分析司：復分中小學教育研究(Elem. Sec. Studies)、高等教育研究(Higher Ed. Studies)、成人及職業教育研究(Adult and Voc. Ed. Studies)、參考圖書、機關編制及設計(Ref. Est. and Proj.)以及統計計劃分析(Stat. Prog. Analysis)五科。

(3)資料來源研究司：復分中小學地區服務 (Elem. Sec. Field. Services)、高等教育地區服務(Higher Ed. Field Services)及術語統一(Terminology Compatibility)三科。

(4)設施分析司：復分制度分析 (Systems Analysis)、因素分析 (Factors Analysis)、及經濟分析(Economics Analysis)三科。

9.初等暨中等教育廳(Bureau of Elementary and Secondary Education)：設左列各司科：

(1)缺陷學童臨時辦公室 (Interim Office of Handicapped)：設字幕片 (Captioned Films)、師資

訓練(Teacher Training)、及缺陷兒童及青年(Handicapped Children and Youth)三科。

(2)州機構合作司(Division of State Agency Cooperation)：設州機構補助(State Agency Support)、行政教學補助(Adm. Instruc. Support)及計劃補助發展(Program Support and Development)三科。

(3)聯邦特區學校協助司(Division of School Asst. in Fed. Affected Areas)：設技術設施(Technical Operations)及地區設施(Field Operations)兩科。

(4)補習教育司(Division of Compensatory Education)：設地區服務(Field Service)、計劃(Programs)及實施(Operations)三科。

(5)計劃暨供應中心司(Division of Plans and Supplementary Centers)：設教學資源(Instructional Resources)、計劃發展及傳播(Prog. Development and dissemination)、輔導及人事(Guidance and Personnel Services)以及革新中心(Innovative Centers)四科。

(6)教育人員訓練司(Division of Educ. Personnel Training)：設社會科學機構(Social Sciences Institutes)、藝術人文(Arts and Humanities)、國際交換訓練(International Exchange and Training)、現代語機構(Modern Language Institutes)、行爲科學(Behavioral Sciences)、及資深教員研究獎金(Experienced Teacher Fellowships)六科。

(7)全國教師社團司(National Teacher Corps.)：設實施(Operations)、服務(Services)、研究考

核(Research and Evaluation)及社區事務(Community Affairs)四科。

10.成人暨職業教育廳(Bureau of Adult and Vocational Education)：設左列各司科：

(1)人力發展訓練司(Division of Manpower Development and Training)：設州計劃服務(State Programs and Services)及全國計劃服務(National Programs and Services)二科。

(2)圖書館事業暨教育機關司(Division of Lib. Services and Educational Facilities)：設圖書館事業及教育電視(Educ. Television)二科。

(3)職業暨技術教育司(Division of Vocational and Technical Education)：設計劃服務(Program Services)、州職業服務(State Vocational Services)及計劃編制發展(Program Planning and Development)三科。

(4)成人教育計劃司(Division of Adult Education Programs)：設成人教育、民防教育(Civil Defense Educ.)社區服務及補習教育(Community Services and Continuing Education)三科。

11.高等教育廳(Bureau of Higher Education)：設左列各司科：

(1)外國文化司(Division of Foreign Studies)：設機構補助(Institutional Support)、海外協助及訓練(Overseas Asst. and Training)二科。

(2)研究生計劃司(Division of Graduate Programs)：設研究機構(Graduate Facilities)及研究生學術計劃(Graduate Academic Programs)二科。

(3)大學補助司（Division of College Support）：設機構發展（Developing Institutions）及教職人員擴充（Faculty Development）二科。

(4)學生經費協助司（Division of Student Financial Aid）：設貸金（Loans）、工讀（Work-Study）、計劃研究分析（Program Studies and Analysis）、保險貸金（Insured Loans）及教育機會協款（Educ. Opportunity Grants）五科。

(5)大學機構司（Division of College Facilities）：設大學機構貸款（College Facilities Loans）及大學機構補助（College Facilities Grants）二科。

12. 研究廳（Bureau of Research）：設左列各司科：

(1)初等暨中等教育研究司（Division of Elementary and Secondary Research）：設課程示範（Curriculum and Demonstration）及研究（Research）兩科。

(2)高等教育研究司（Division of Higher Education Research）：設課程、研究及比較研究（Comparative Research）三科。

(3)成人暨職業教育研究司（Division of Adult and Vocational Education Research）：設就業機會（Employment Opportunity）、人類資源（Human Resources）及教育資源與發展（Educ. Resources and Development）三科。

(4)實驗所暨研究發展司（Division of Laboratories and Research Development）：設藝術人文

(Arts and Humanities)、實驗所計劃(Laboratory Programs)及研究發展中心計劃(Research and Development Center Programs)三科。

(5)研究訓練暨傳播司(Division of Research Training and Dissemination)：設教育資料中心(Educational Materials Center)、傳播研究(Dissem. Research)、教育研究新聞中心(Educ. Research Info. Center)及研究訓練(Research Training)四科。

至於該署所屬九個地區事務所，其名稱及所在地如次：

1.第一區(Region Ⅰ)設於麻薩諸塞州的波士頓(Boston, Mass.)。

2.第二區(Region Ⅱ)設於紐約州的紐約市(New York, New York)。

3.第三區(Region Ⅲ)設於維吉尼亞州的沙洛茲維(Charlottesville, Va.)。

4.第四區(Region Ⅳ)設於喬治亞州的亞特蘭大(Atlanta, Georgia)。

5.第五區(Region Ⅴ)設於伊利諾州的芝加哥(Chicago, Illinois)。

6.第六區(Region Ⅵ)設於米蘇里州的堪薩斯城(Kansas City, Missouri)。

7.第七區(Region Ⅶ)設於德克薩斯州的達拉斯(Dallas, Texas)。

8.第八區(Region Ⅷ)設於科羅拉多州的丹佛(Denver, Colorado)。

9.第九區(Region Ⅸ)設於加里福尼亞州的舊金山(San Francisco, Calif.)。

茲將美國教育署行政組織系統，表列如後：(註六)(附表見另紙)

II職權：該署之主要職權，約有下列數端：(註七)

1.搜集並發佈教育消息；

2.從事教育研究；

3.擔任教育領導及諮詢工作；

4.協同各州及地方公私教育機關，促進教育事業之發展；

5.管理在特種經費支出法案(Appropriations Acts)項下，由聯邦撥付各州及地方之教育補助費。

近年來美國國會並授權該署辦理其他各項事務：例如管理聯邦與各州合作進行之職業教育計劃；聯邦政府對於聯邦保留地(Federal reservations)內的兒童，與夫由於聯邦政府舉辦各項活動而導致學校註冊人數激增之學區，所撥付兒童教育計劃補助費，由該署負責支配；辦理一九五八年國防教育法案(National Defense Education Act of 1958)規定之事項，類如加強公立學校科學、數學及外國語之教學，會同各學院、大學及州教育廳，辦理各項重要教育問題之合作研究計劃。

㈢其他聯邦機關辦理之特殊教育活動：例如農業部(Department of Agriculture)所屬之農業推廣處(Agricultural Extension Service)及全國學校午膳計劃(National School Lunch Program)項下舉辦之農業推廣及午膳之供應活動；財政部(Treasury Department)舉辦學校儲金計劃(School Savings Program)；司法部(Department of Justice)舉辦歸化美國人(外國移民)(Naturalized Americans)之公民教育；衛生教育福利部舉辦職業輔導(Vocational Rehabilitation)訓練計劃；內政部(Department of Interior)爲印第安人保留地舉辦印第安人的教育；國務院(Department of State)舉辦國際教育交換計劃及技術合作計劃；陸、海、空三軍爲所屬男女人員舉辦之軍事教育計劃，以及駐外各地美國軍人之各項服務活動。

第二節　州教育行政機關

就教育事務言，州是一種單位，州議會則爲權力之本源。各州之州議會，爲州內人民之最高代表機關，對於教育事業具有廣泛之管理權能，惟須受州憲法之限制。在執行此項權能時，州議會每將其管理、設置及監督各級學校之權限，付託於州及地方教育行政機關。

全國五十州均自行制定其教育制度，故各州間之教育政策及設施彼此互異。各州教育制度及行政組織雖不盡相同，惟一般初等及中等教育設施，則大部相似。

（一）州教育董事會

爲各州公共學制之決策機關，全國五十州，未設此項機關者，有伊利諾(Illinois)、米契根(Michigan)、北達科他(North Dakota)(註八)及威斯康辛(Wisconsin)四州。此項董事會之名稱，各州間並不一致。有稱 The Advisory Board of Education 者，亦有稱 The State Council of Education 或 The State Board of Administration 者，惟大多數的州通常稱爲 The State Board of Education。茲

將該會組織及職權分述如後：

Ⅰ 組織

州教育董事會的董事名額，各州不一。少則三人(如 Mississippi 州)，多則二十三人(如 Ohio 州)，而以七人至十三人爲常。其董事不足七人者有六州，超過十三人者只有三州（註九）。至於任職方法，各州間亦彼此互異，大別爲州官吏兼任、州長任命及人民選舉三種方式，近年來，州官吏兼任之董事，日漸減少。此外尚有採用特殊之任用方式者，如紐約（New York）州，由州議會選舉；外俄明（Wyoming）州，由州教育長荐請州長同意後任命；伊阿華（Iowa）及華盛頓（Washington）兩州，由地方教育董事會董事推選。各董事之任期，各州規定不一，短則二年，長則十三年，而以七至九年居多。

Ⅱ 職權

州教育董事會的職權，各州間殊不一致。歸納言之，不外下列數端：（註一〇）

1. 任用州教育長，擔任州教育董事會之秘書或執行長官，並規定其薪俸。
2. 規定教育事務的範圍及其限制，並任用州教育廳之常任職員。
3. 確立州教育機關各項設施之預算。
4. 經州長及州議會之許可，在各種委員會及顧問人員之協助下，提供有關州教育組織、行政及經費等事項之建議。

5.決定教育政策，制定教育規程，並釐訂管理和監督州教育事務之最低標準。

6.代表州政府，決定各項教育事務之政策，以與聯邦政府保持適當的聯繫。

7.在若干州內，由州設置之高等教育機關與其他各類教育機關的設施方針，須經州教育董事會核准，其由各該機關之管理團體推行之重要方針，亦須報請州教育董事會認可。

8.與類如州衛生董事會等州內其他董事會及機構，共同認可某些地區的教育政策、規程及各項標準。

此外，美國各州尚設置一種州職業教育董事會(The State Board for Vocational Education)，管理各該州提請聯邦政府補助之職業教育計劃。在若干州內，州教育董事會卽具有州職業教育董事會之權力。(註一一)

(二) 州教育長

州教育長的稱號，各州間殊不一致。有稱州公共教育長官(State Superintendent of Public Instruction)，亦有稱教育廳長(Commissioner of Education)或州學務長(Chief State School Officer)者。就理論言，州教育長爲州內教育方面之一重要職位，通常被視爲州內各類教育事務之領袖及職業調人(Professional Coordinator)，惟實際上，各州教育長設與若干較大學區之學務長或州立大學校長相較，在職務上遠不及後者之重要。一般言之，近年來凡州內全體公民及教育界的領袖，對於教育事務特別重視者，乃竭力主張任用一位才智卓越的教育長，主持教育行政事宜，故此等教育長之地位，遂爲社會人士所重視。

關於州教育長之任用方式，各州間彼此互異，大約不外人民選舉、董事會任命及州長委派三種，其中尤以採用人民選舉方式者居多。

州教育長的職責，各州不盡相同。大體採用民選方式的州，其州教育長的職責較小；惟一般較爲進步的州，則州教育長操有之權能，較爲廣泛。歸納言之，約有下列數端：(註一二)

1. 充任州教育董事會之秘書及執行長官(Executive Officer)。
2. 促進州內各項教育計劃之協調。
3. 擔任州教育廳之行政首長。
4. 向州教育董事會提供州內有關公共教育之政策、標準及規章等事項之建議。
5. 建議改進有關教育法令及教育經費事項。
6. 解釋州頒各項學校法規及州教育董事會訂立之教育規章。
7. 公平處理有關公立學校行政方面之爭執事件。
8. 經常或定期向人民、州長及州議會提供有關各級學校的成就、條件及需要等資料的報告。

(三) 州教育廳

州教育廳爲各州教育長執行教育政策的事務機關，通常稱爲 The State Department of Education，亦有稱 The State Department of Public Instruction 或 The State Department of Public School 者。

I 組織

州教育廳之組織，各州間頗不一致。就加州 (California) 言，設廳長一人，由州教育長充任。行政助理 (Administrative Assistant) 一人，科長 (Chief and Dep. Supt. of Public Instr.) 六人，其他職員三二二人。該廳內部組織，分設總務 (Departmental Administration)、教學 (Instruction)、特殊學校及服務 (Special Schools and Services)、公立學校行政 (Public School Administration)、州立學院及師範教育 (State Colleges and Teacher Education) 及州立圖書館 (State Library) 六科 (Division)。茲將該廳組織，圖示如次：（註一三）

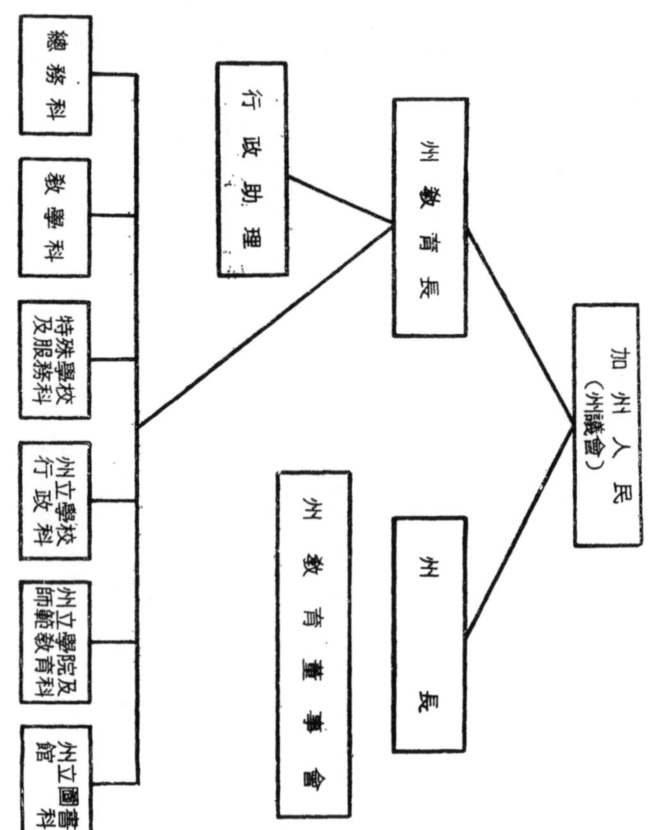
加州人民
（州議會）
州教育長
州長
州教育董事會
行政助理
總務科
教學科
特殊學校及服務科
州立學校行政科
州立學院及師範教育科
州立圖書館科

Ⅱ 職 權

美國州教育廳的職權，就歷史發展言，大體分爲三個階段：最初，州教育廳的主要職責，祇是經費的核算及教育事務的報導；第二個階段，側重教育視導；近年來以領導指揮爲中心工作。依據美國教育行政學者比齊（Fred F. Beach）的研究，各州教育廳的主要職權，不外下列三項：（註一四）

1. 領導（Leadership Functions）：指計劃、研究、顧問及諮詢、協調、以及公共關係等。

2. 規劃（Regulatory Functions）：指協助維護州內兒童及青年的生活，確保教育經費使用的安全及經濟，增進教育事業管理的效能，規定各項教育活動的組織及最低標準，以及提高本州人民的教育水準。

3. 實施（Operational Functions）：辦理小學、中學及學院等級的教育，以及公民班（Classes in Citizenship），成人教育，和單位行業學校或班級；設置各種文化及教育機關，以直接爲廣大民衆服務；舉辦職業輔導（Vocational Rehabilitation），教師就業，及教師退休工作，爲人民作個別之服務。

第三節 地方教育行政機關

（一）中間學區

目前美國有三十四州，設置一種中間學區（Intermediate School Districts）或中間行政單位（Intermediate Administrative Units)，此等單位介乎地方學區(Local School Districts)與州教育廳之間。在三十四州中有二十七州，以縣(County)爲中間行政單位。其餘七州的中間學區，並不以縣的疆界爲中間學區的範圍；在以縣爲中間學區的二十七州，設有縣學務長(County Superintendent of Schools)協同地方學區辦理所轄境內的教育事宜，對於地區過小，以致無力設置地方學務長的地方學區，尤予以特別之協助。有的中間學區任用大批專門職員，以協助各地方學區內的教員，推進教育工作。惟近年來一般鄉村或地方學區，類多增加專門職員的名額，以利地方教育事業之進行。此種情況，已形成一種普遍的趨勢。

中間學區並非一種學校管理單位，故通例未設學校。其主要功能，在爲若干缺乏經濟而有效的實施教育之地方學區，對於所轄境內的學校，提供必要的服務。

一般中間學區，大體分爲三種型式：

1.縣：中間學區與縣的疆界同其範圍。有的州由人民直接選舉一名縣學務長，辦理有關教育行政事宜，而不設縣教育董事會；有的州則由人民推選代表組織縣教育董事會，再由該會任用縣學務長。此外尚有採用其他特殊方式者。

2.鎮：新英格蘭諸州及紐約州，以鎮（Town）爲中間學區。有時聯合若干地區鄰接的地方學區或鎮區，共同組成中間行政單位，此種單位通例稱爲輔導聯合（Supervisory Unions）。一般輔導聯合，均設有教育董事會，其董事人選由各鎮教育董事會推選之。聯合教育董事會或直接任用學務長，或向州教育廳推荐適當人選，而由州教育廳決定之。康勒狄克(Connecticut)州之輔導聯合，則受州教育廳之管理，其所需職員，亦由州教育廳指派。

3.區：各州採用區(Township)爲中間學區者，日益減少，絕大多數的州，均已廢除區中間行政單位的制度。

(二) 地方學區

在美國，教育權能雖屬於州，然各州之州議會，仍依法設置地方學校行政區(Local School Administrative Districts)，辦理及維持公立學校。因此，地方學區乃爲代表全州人民意志的州議會所創設者。

各州所設地方學區的多寡，彼此不一。夏威夷(Hawaii)祇有一個學區，內華達(Nevada)州有十七個地方學區，馬利蘭(Maryland)州有二十四個地方學區，猶達(Utah)州有四十學區，西維吉尼亞(West Virginia)州有五十五學區。爲數超過三千地方學區者有四州，多達四千學區者，亦有若干州。目前美國境內，共有二萬三千三百三十五個地方學區。就土地面積言，最小的地方學區，不足二十方哩；最大的地方學區，其土地面積甚至超過最小的州。

各地方學區間的學生註冊人數，多寡不一。若干最小的學區，其註冊學生數不足十人，因此祇設有一個單班學校(One-teacher School)，較大的市學區(City School Districts)，其學生註冊人數，多達數十萬，乃至百萬，其所設之學校亦必隨之增多。有的學區僅設有小學及中學；有的學區，由小學直至初級學院（Junior College）爲止，普遍設立。實際上祇有偏僻的鄉村，始有最小的學區。目前美國雖仍有二萬五千所單班學校，但其註冊學生人數，不足全國小學生總額的百分之二。一般較大的學區，通例直接對州政府負責；較小的學區，其權責甚小，類多由中間學區管轄。

近二十年來，美國各州的地方學區，其範圍有日益擴大的趨勢。各州的州議會，大都制定法令，使較小地方學區的人民，得依法投票表決，將較小學區合併於較大之行政單位。因此，小型地方學區，日益減少，較大行政單位，逐漸增多，其教育設施，亦較往昔爲完備。

第三章　教育經費

第一節　概　述

美國的教育經費，主要由州政府負擔；就歷史的觀點講，大多數州的地方學區，依據州法律的規定，亦爲負擔教育經費的主要機關之一。就最近十年的趨勢觀察，美國的教育經費，乃根據下列三大原則：

㈠公共教育經費，州政府負有主要責任；

㈡州政府之負擔學校教育經費，其目的乃視此項措施，爲實施州內教育機會均等的一種良好方法；

㈢州政府之負擔教育經費，其目的在於平衡稅收負擔，運用本州財富，發展州內居民的兒童教育。

由是以觀，美國的教育經費之所以由州政府負主要責任者，乃認爲此項措施，足以促使全州之學校教育，達到一種合理的最低標準。茲將最近十年內各級政府負擔教育經費的情形，表列如後：

各級政府承擔教育經費的百分比(註一五)

學年度	一九五五～五六	一九五七～五八	一九五九～六〇	一九六一～六二	一九六三～六四	一九六四～六五
總數	100·0	100·0	100·0	100·0	100·0	100·0
聯邦政府	四·六	四·〇	四·四	四·三	四·二	四·二
州政府	三九·五	三九·四	三九·一	三八·七	三九·七	三九·七
地方政府	五五·九	五六·六	五六·五	五六·九	五六·〇	五六·〇

觀上表，可知最近十年內，州政府所負教育經費數額，有逐漸增加之趨勢。

美國的各州，常以公款維持中小學，及一所或一所以上的學院。各州居民的子女，均有免費進入由公款設置的中小學的權利。大多數的州，均已完成一種由公款設置學院及其他高等教育機關的制度，包括學院等級的師資訓練機關、文理學院(Liberal Arts College)及州立大學。惟後者常有例外。

各州雖以公款設置此類高等教育機關，然而由於經費支絀，每多未能適應各高等教育機關的要求，於是，有些州的公立高等教育機關，亦須徵收學費。

第二節　教育經費的來源

在美國，負擔各項教育經費的機關，分爲三級，即聯邦政府、州、及地方行政單位。各級機關，對於公共教育經費的負擔，所佔百分比如下：據一九六四年統計，聯邦政府負擔公立中小學教育經費總額的百分之四點二，州政府負擔百分之三十九點七，地方負擔百分之五十六。同一年度，公立高等教育經費，聯邦政府負擔百分之十一；州負擔百分之四十；其餘百分之四十九，全靠學費及其他收入。

第三節　各級政府的負擔

甲、聯邦——教育經費雖由州政府負主要責任，但是聯邦政府對於全國各州的教育，常予以經濟上的補助。聯邦政府對於全國五十州，或給予公地，或以公地之收益補助各州，或給予其他津貼。近年來聯邦政府所負擔的教育經費，多半用於下列各項事業：公地學院 (Land-grant Colleges)、農業試驗站 (Agricultural Experiment Stations)、職業教育、職業輔導 (Vocational Rehabilitation)、學校午膳、學校建築設備、國防地區的學校及其他活動、退伍軍人的教育。

乙、州——全國各州，類皆訂定各種教育經費方案，對於各級公立學校，作適當之補助。有的州，以地方就學人數的多寡，決定補助經費的多少。有的州，則擬定一種「基金計劃方案」(Foundation Program Plan) 對於州內各級學校的經費，作通盤的籌劃。因此，各州對於教育經費的分配，大致可分爲兩種辦法：第一、對於州內全體就學兒童補助的數額，決於教育基金計劃方案所定數值之多寡。第二、依州內各學區的貧富狀況，作劃一性的比例分配。

丙、地方——各地方類多以固定稅收，充作公立學校的經費。亦有少數的州，以其特殊財源，供學校經費之用。惟此種款項，爲數極少。

目前的問題，有若干地區，由於財力不濟，致無力負擔教育經費；亦有在一州之內，由於各地區的賦稅政策不同，致使各地之教育經費，未能作劃一之分配。對於此類問題，有若干州已在調整各項賦稅的比例，期能對於各地教育經費，作適切之規劃。

關於地方教育經費的支配，絕大多數的州，均授權於地方教育行政機關。然而，也有少數的地區，地方教育行政首長對於地方教育經費的支配，祇能提供原則性的建議，而由其他的政府機構，決定教育經費的運用辦法。

第四章　學校系統

美國的學校系統，除學前教育外，分爲初等教育或小學教育（Elementary or Primary Education）中等教育及高等教育三個階段。中小學階段最通行的制度，有八—四制，六—三—三制及六—六制三種。所謂八—四制，卽保育學校（Nursery School）及幼稚園卒業的兒童，在初等學校或小學（Elementary or Primary School）肄業八年期滿後，繼以四年的中學（High School）。六—三—三制，乃完畢保育學校及幼稚園的課程後，繼以六年的初等學校，三年的初級中學及三年的高級中學。至於六—六制，則於學前教育期滿後，繼續修讀六年的初等學校及六年的中學。類此三種制度的中學畢業生，其年齡均爲十七或十八歲。

職業教育，或爲中等教育之一構成部份，或係招收中學年齡階段的青年，施以技術或職業訓練。一般中學，通例分爲綜合性（Comprehensive）、學術性（Academic）、職業性（Vocational）、或技術性（Technical）等數種。所謂綜合中學，乃於同一學校內實施學術性、職業性及技術性的教育。至於大都市，類皆設置各種中等專業學校，分別實施職業及技術教育。惟此等職業中學及技術中學，大都設置普通科目，以爲學生將來投考大學之預備，故任何中等專業學校卒業生，均具有投考大學或學院之資格。

中學畢業後，可投考初級學院 (Junior College)、技藝專科學校 (Technical Institute)、四年制的大學或學院，以及專門學校 (Professional School)。初級學院通例設置四年制大學前二年的課程，側重終結(Terminal)及職業教育。爲便於學生轉入大學或學院肄業，故初級學院亦有設置學術課程者。至於技藝專科學校，類皆實施中等教育以上之技術訓練，惟不以獲得專門或專業學位爲目的。各專門學校，其入學資格及修業年限，因性質而異。例如研究醫學者，必先在大學或學院修讀三年的醫學預科課程 (Premedical Studies)，始得進入四年制的醫學院 (Medical School)；如擬研究工程，於修滿中學課程後，即可投考工學院 (Engineering School)。

學前教育階段的保育學校，通常收受年滿三或四歲的幼兒，幼稚園則收受年滿四或五歲的幼兒；惟全國各地的情形，頗不一致。目前美國的幼稚園，已成爲初等學校或小學之一構成部份，保育學校乃由私人或私人團體設置者居多。玆將美國現行學制，圖示於後：(註一六)

美國學制圖

年齡			學年	
	博士學位以上之研究及高深研究			
哲學博士或高級專業學位				
24	博士學位	專門學校（師範、醫學、神學、法律等）	7	高等教育（學院、大學、專門）
23			6	
22	碩士學位（碩士學位）		5	
21	文理或普通學院（學士學位）		4	
20		學士學位（文理或普通學院）	3	
19	初級或社區學院；技藝專科學校（準學士證書）		2	
18			1	
中學畢業證書				
17	四年制中學	高級中學	高初中合設之中學	12	中等教育（學術性、職業性、技術性）
16				11	
15				10	
14		初級中學		9	
13				8	
12				7	
11	〈8－4〉	〈6－3－3〉	〈6－6〉	6	初等教育（或小學教育）
10				5	
9				4	
8	初等學校或小學			3	
7				2	
6				1	
5	幼稚園			K	
4					
3		保育學校		NS	

第五章　學前教育

第一節　保育學校

美國為減輕一般工作婦女撫育子女的責任，乃設置半日制或全日制的日間托兒所，此等機構已有相當悠久的歷史。但新式的保育學校，則係仿自英國的新近產物(註一七)。此類日間托兒所 (Day Nurseries) 多由慈善、宗教及社會福利等私人團體所設置。新式的保育學校，有私人組織設置者，亦有教育研究機關或學術研究團體創設者。有些私立的投機性學校，為迎合社會大衆的需要，亦紛紛附設保育學校，假教育之名，賺取商業性的利潤。其由若干合作團體或教育研究機關設置的保育學校，非但聘有曾受專業訓練的教師，且其教學設備，亦極為完善。就後者言，例如伊阿華大學、洛杉磯加州大學，哥倫比亞大學師範學院、伊阿華州立學院、以及底特律 (Detroit) 麥帕家事學校 (Merrill Palmer School of Home-Making) 等附屬保育學校，均係盡人皆知的模範學校。亦有少數中學設置保育學校，供女生家事實習之用。迄至目前為止，保育學校尚未普遍構成各地公立學制之始基。

保育學校的目標，一如英國，旨在增進幼兒之健康生活，培養幼兒之整潔及衛生習慣，並經由遊戲、音樂、繪畫、着色、及韻律活動等方式，養成幼兒自由活動的能力。一般教育學院及師範學院附屬保育學校，對於幼兒生理、心理及情緒發展，尤有詳密之觀察記載，以供研究兒童教育之參考。

保育學校的學日，通例爲上午八時三十分或九時，至下午二時三十分或三時三十分，兒童在校用膳，並有規定之睡眠或靜息時間。由於學雜費高昂，故一般保育學校，乃成爲富裕家庭子女的獨占機關。一俟各地公立學制，逐漸向下延伸而設法改善保育學校的設施時，其所收費用，當可大爲減少。

至於保育學校的日常活動，通例如下表所示：

九·〇〇	到校及健康檢查。
九·〇〇——一〇·〇〇	自由活動或遊戲。
一〇·〇〇——一〇·一五	整潔。
一〇·一五——一〇·三〇	講故事及討論。
一〇·三〇——一〇·四五	唱歌及舞蹈。
一〇·四五——一一·〇〇	快餐。
一一·〇〇——一一·三〇	自由活動及整潔。
一一·三〇	散學。

第二節　幼稚園

美國最早的幼稚園，係由私人所創辦。一八五五年威斯康辛州的蘇爾茲(Carl Schurz)氏，在該州水道城(Watertown)創立第一所幼稚園。至一八八〇年有三州制定法律，准許使用公立學校經費，辦理幼稚園的教育。目前美國各州大都規定居民人口達二千五百名以上者，卽須設立公立幼稚園。至一九六二年，在五十州中，使用公款辦理公立幼稚園者，達二十三州，且有日漸增加之趨勢。

美國早期的幼稚園，類皆採用福祿貝爾法(Froebelian Principles)；二十世紀初期，由於幼兒身心發展的研究，深受美國社會人士所重視，故一般現代化的幼稚園，均以增進幼兒身心之正常發展爲宗旨。近年來一般幼稚園，固然廢止偏重形式主義的福祿貝爾教學法，對於注重自由活動的蒙台梭利說(Montessori Theory)，亦頗表懷疑，而側重幼兒良好習慣之培養及互助合作的訓練，並利用各種有益的活動，促進幼兒身體的生長及心理的發展。至於最通常的活動項目，則爲遊戲、講故事、音樂、韻律活動、美術及手工的創造活動。雖未正式實施讀寫算的教育，但爲日後小學科目奠定良好的學習基礎，乃供給有關讀寫算的各種活動與經驗。

在一所新式的幼稚園中，一種典型的活動，可能有一名男孩輕敲着複音鐘，設法分辨相同的音調，或一名兒童蒙住眼睛坐着，藉觸覺辨別一套幾何形物體。或由幾名兒童共同排列代表幾十、幾百、幾千等數字的玻璃珠(Glass Number Beads)，其後再以不同方式重新排列，或十分熟練的玩弄代表名詞、形容詞、及其他詞類的彩色紙片。有些小女孩則樂於拼湊一個歐洲或其他洲的地圖。

有些學校，則採用明尼蘇達大學(University of Minnesota)所倡導的「小小數學」(Minnemath)教學法。此項教學法，乃是利用故事、詩歌、遊戲及其他活動表明數學的原理。例如六塊餅乾可能包括三塊香草餅乾和三塊巧克力餅乾。兒童卽可發現各有三塊的兩種餅乾，等於六塊餅乾，如此彼等卽可逐漸熟練加法。

近年來有些美國教育家，特別強調幼兒智能活動(Intellectual Activity)的重要性。咸以爲三至六歲期間，對於兒童智力的發展極爲重要。深信生於當今太空時代的兒童，非但須準備在智力上作重大之發展，且因處此時代而獲得智力的啓發。每經由電視，或其他大衆傳播工具和別人接觸，或畫形雜誌等，遂得以與若干經常激發其想像力的論題接觸，而引發其想像力及思考力。亦有較爲穩健的教育家，迄仍相信兒童天眞活潑的稚氣不能受到損害，應當逐漸由玩樂和遊戲中獲得學識。彼等嘗謂，遊戲實際上卽是兒童的工作。

至於一般幼稚園的課程，各地區間殊不一致。茲將加里福尼亞州某幼稚園的日課表(Daily Schedules or Daily Program)列後，以概一斑。

上午班

九・〇〇——九・一〇	朝會、升旗、唱歌、點名、分配工作。
九・一〇——九・五〇	戲劇及積木遊戲、美術活動。
九・五〇——一〇・〇〇	整潔。
一〇・〇〇——一〇・二〇	戶外遊戲。
一〇・二〇——一〇・四〇	午前點心。
一〇・四〇——一一・〇〇	睡眠。

一一・〇〇——一一・一五　休息。
一一・一五——一二・〇〇　音樂活動、故事、詩歌。

下午班

一二・〇〇——一・〇〇　點名、分配工作、戲劇及積木遊戲、美術活動、整潔。
一・〇〇——一・二〇　戶外遊戲。
一・二〇——一・四〇　睡眠、牛乳。
一・四〇——二・〇五　音樂活動。
二・〇五——二・二〇　休息。
二・二〇——三・〇〇　故事、詩歌。

第六章　初等教育

第一節　初等教育的目標

美國的教育因採地方分權制，故各項教育設施，迄無全國統一的規定。關於初等教育目標，各地區間亦頗不一致；茲將加里福尼亞州巴沙汀納（Pasadena）市的初等教育目標臚列如次，以概一斑：（註一八）

㈠闡明美國現行制度與理想的歷史發展，以培養兒童的愛國觀念。
㈡使兒童獲得有效之閱讀、書寫及使用英語的基本知識與技能。
㈢使兒童了解運用算術及其應用之普通方法，並具有解決實際問題的能力。
㈣養成良好習慣，以增進兒童之心理衛生、安全及身體健康。
㈤使兒童尊重他人的權利並承擔相互的義務，在團體生活中，激發其互助合作的信念以及對團體的責任感。
㈥使兒童獲得精細思考、自我指導及工作完善的優良方法。
㈦啓發兒童健全的娛樂興趣，並供給適合個人才智的創造表現的機會。

第二節　初等教育的組織

美國初等教育，包括年在六至十一歲間或一至六年級的全體兒童。有時尚包括四歲或五歲的保育學校或幼稚園的兒童，以及十二歲或十三歲的七年級與八年級兒童。

初等學校的學童人數，各地區多寡不一。有的學校其註冊兒童數超過一千人，亦有偏僻鄉村的學校，全校兒童祇不過五人。一般初等學校或小學，大都採取年級制（Graded System），惟有少數學校例外。大部份的初等學校，例皆分爲若干年級，每一年級由教員一人負責級務，任職一年爲限。

各地方學區，例由一名地方學務長管理地方學制。各學校則由校長與教員共同策劃有利學校發展之各項措施，主管行政機關，不加任何干涉。

地方學務長以次，設置若干職員，協助學務長處理教育行政事務。通常置輔導員(Supervisors)數人，爲一般初等學校校長及教員，提供領導性的服務。有的地區，尚任用各類專家若干人，掌理有關音樂、美術及體育等事宜。此等輔導員及專家或指導員，或依固定之工作進程從事各項活動，或接受一般初等學校校長或教員的請求而進行協助工作。美國教育界寧採輔導（Supervision）而不用督導(Inspection）字樣，旨在使學校校長教員與行政人員建立「共同工作」（Working together）的關係，而無領導與被領導之別，此實爲美國教育上之一重大成就。

第三節　初等學校的課程

美國初等學校，並無一種全國性的課程標準。各州教育當局常爲州內的初等學校，提供一種廣泛性的課程計劃或課程指導（Curriculum guide），而由各地方教育董事會依據當地實況自行增删。惟一種詳細的課程計劃，通例係由學校教員、輔導員、課程指導員（Curriculum directors）、校長、家長及其他有關人員在課程委員會或研習會（Workshops）內，共同研討所得之結果。此等人士於編制課程計劃時，一面從事課程及兒童發展之試驗與研究，一面又吸取自然科學、社會學、經濟學及數學之理論，以爲擬訂課程之依據。由於課程計劃由地方自行編定，故全國各地區的初等學校課程，彼此間頗不一致。

美國初等學校課程，大體分爲下列三類：

1. 學科中心的課程　此等課程，係以傳統之保守派的教育哲學爲依據。早期之三 R'S 課程，卽爲典型之學科中心課程。此項課程，以教材爲中心，注重知識的灌輸及技能的養成。採用此項課程之小學，其所設學科，通常爲：

㈠文法——以系統的方法，學習語文。

㈡語文學——培養學生閱讀能力，學習古典文學，外加說話、作文及書法。

㈢算術——培養學生基本計算能力。

㈣歷史——注重本國史。
㈤地理。
㈥公民。
㈦自然。
㈧美術——圖畫、音樂。
㈨體育。
㈩烹飪、縫紉及手工。

學科中心課程，既以教材之熟練及技能之養成爲重，其所用教學方法，勢必偏重機械之記憶和練習。教師之主要任務，乃是將教材中的事實、方法、公式（如九九乘法表）等，以簡明的方式，提供給學生。學生之主要工作，則以記憶方法，記誦教材；以練習方法，學得各種技能。而對社會行爲之培育，情緒的陶冶，以及求知興趣的養成等，則略而不顧。

2.兒童中心的課程　二十世紀進步主義的教育，對於前述保守派教育，表示強烈反對。而主張澈底改造小學課程，其方式有二：一爲兒童中心課程，一爲社會中心課程。此二種課程方式，均以杜威(Dewey)倡導的實驗主義哲學爲依據，側重矯正學科中心課程之流弊。

兒童中心課程，以各個兒童的能力、興趣及需要爲中心，從而計劃學習的活動，以期教育設施，切合現代心理學的原理。

準此而論，學校的職能，在於促進各個兒童身心的全部發展。各種學科祗是發展兒童能力的工具，其本身並無絕對價值。因此，學校的課程，應富於彈性。由於各個兒童的興趣和需要各別，學校作業亦須隨之而異。學校教育的主要職能，在於培養健全的身心，發展完美的人格；至於教材之熟練和技能之養成，乃爲次要的工作。

兒童中心課程的編制，不似學科中心課程之固定。其所設課程，雖與學科中心課程相似，惟其教學目標較爲廣泛，教材組織方式不同。例如「讀書」一科，其所用教材，較爲切合兒童身心發展的歷程，適應兒童閱讀的興趣，而且與史地教材密切聯繫。

兒童中心的學校，其教學方法特別重要，教師教學方法之良窳，影響教育效果極大。第一、兒童中心學校，缺乏固定的教學計劃和教學方法，必須由教師自行創造；關於書籍和教具的運用，亦應依據個別學生的興趣和需要。第二、兒童中心學校的課程，大都採用活動方式，每易忽略基本知能。爲教師者必須具有優良教學技術，始能兼顧基本知能的學習。

3.社會中心的課程　社會中心學校的目的，在使學生對社會生活作有效的準備，使學生能參與社會生活，能負起民主社會中公民的責任。

社會中心課程內，各科教材，均選擇與本地、本區、本國及世界的社會生活有關者。對於讀寫算等基本知能，亦甚重視，惟其教學目標，側重社會生活的適應。以讀書一科爲例，其教學目標，在於增進學生適應公民生活的能力，使能閱讀報紙和廣告；而且培養學生利用閑暇生活的能力，使其樂於閱讀文藝作品。社會中心課程，一如學科中心課程，具有固定的學科和教材。祇是所用基本教材，代表社會生活的重要部份，使學生準備參與社會生活。故「社會研究」一科，特別重要。「社會研究」一科之教學，不在書本知識之講解和記誦，而在使學生了解現代社會、政治及經濟生活；歷史教學不在史實之記誦，而在使學生了解現代社會生活，以及本國與他國的關係。

上述三種課程方式，各有所偏。學科中心課程，偏重基本教材的學習；兒童中心課程，偏於個人的發展；社會中心課程，偏於社會的統一。如何擷取三者之長而去其短，實爲美國今日小學課程的急務。

第四節　初等學校的教學活動

美國的初等學校，通例分爲三個階段：即低年級(Primary)、中年級(Intermediate)、及高年級(Advanced or Presecondary)。

㈠低年級　初等學校的前三年，通常稱爲低年級，有時幼稚園，亦爲初等學校低年級之一構成部份，而以幼稚園—低年級(Kindergarten-Primary)稱之。有些學校尚將保育學校併入低年級部份，故有保育學校—幼稚園—低年級混合學級之稱。一般初等學校低年級，每以讀書爲其中心活動，但其他基本能力，如寫字、拼音及計數等，亦予以適當之培育。近年來若干初等學校，對低年級兒童授以簡易之自然科學及社會科學的知識，有時，尚令兒童學習外國語。一九六四年於羅達兌爾堡(Fort Lauderdale) 成立一所「南佛羅里達教育中心」(South Florida Education Center)，此一中心對於幼稚園兒童即開始實施西班牙語教學。一般初等學校低年級，大都設法促使兒童獲得心理、生理、社會及情緒等各方面之均衡發展。美國人士咸以爲初等學校低年級，乃是公共教育中饒有興味且具重大意義之階段。

㈡中年級　美國初等學校的四、五、六三個年級，通例稱爲中年級。在課程活動中，仍以讀書爲主，祇不過特別注重低年級兒童所獲得的有關閱讀機以及基本工具之使用技能的增進及擴充。從四年級起，即增設新科目；由於若干新科目之突然增加，乃使四年級兒童的功課負擔加重，於是四年級內功課不及格的學生，所佔比率極高。故一般較爲進步的學校，遂不在某些年級特別增設新的科目，以免加重學生的課業負擔。無論兒童的年級或年齡如何，對於兒童特殊之發展階段，具有效益的學習材料，絕不可予以減少。美國教育家認爲初等學校低年級及中年級，均須注重兒童之智能、社會技能、習慣及態度之發展。

㈢高年級　初等學校高年級通常包括七年級及八年級；目前此一階段大都屬於中等教育範圍。有些學校認爲將初等學校高年級納入中等教育範疇，祇能作理論上之探討，尚難見諸實際。惟若干所謂「初級中學」，僅包括初等學校的七、八兩個年級，施教旨趣，固與初等學校高年級相似，所授課程，亦遵循舊有傳統。

美國初等學校的教學科目，通例有語文學(Language arts)、算術、社會(Social Studies)、自然

(Science)、衛生、音樂、美術及體育。有的學校實施核心課程的教學計劃；有的學校又採用大單元教學法；亦有沿用系統化(Systemalized)的教學方法者。

社會科教學，爲增進兒童的社會經驗起見，通常與其他相關科目，實施混合教學。例如社會與自然，即經常採用混合學習法，尤其在交通、運輸或保護自然資源之類的課題方面，更不時使用上述方法。此外，社會科尚與語文學及美術二科，就相關知識，實施混合教學。

初等學校各年級，均有自然科教學。在自然科教學方面，兒童常可獲得關於植物、動物、氣候、磁學、電學、化學、物理、天文及其他日常生活中習見的自然事物的經驗。規模較大的初等學校，尚採用實驗、旅行、閱讀、視聽教具及繪畫方法，以增加兒童認識自然事物的經驗。

衛生與體育，亦爲初等學校課程中之重要部份。一般小學衛生教師，均利用各種適當機會相機實施衛生教學，而不以室內之教學爲限。通例除講授關於衛生及健康方面的知識外，尚與社會、語文學及自然等科目，就有關問題實施相關教學。至於體育活動，則包括運動、競技、特技表演、翻觔斗、舞蹈及其他相關活動。

初等學校各年級，均有算術教學。在低年級，爲培養兒童了解加、減、乘、除等計算方法的基本概念起見，乃使兒童實際計算各種具體的事物或物件，期能由實際計算活動中，獲得數字的觀念。中、高年級，則使兒童學習關於分數、小數及簡易百分比。至於歸納和演繹、估價和證明方法等思想訓練，亦深受各校之重視。近年美國初等學校算術科教學，有一種顯著的趨勢，便是算術題目大都以日常生活中的實際問題爲基礎。有些學校尚在高年級講授簡易的代數。

一般初等學校的語文學，大都注重讀、寫、講及聽等基本技能之學習；拚音及書法教學亦包括在內。語文學教學的基本目標，在使兒童獲得與人交往的有效技能；質言之，即能運用流暢的語言和文字，表達個人的情意，藉以溝通人我之間的思想。爲增加兒童語言的經驗，乃使兒童具有充份運用語言的機會，並儘可能與相關科目，密切配合，以增進語文教學之效率。有時，尚利用各種方法，以培養兒童的創造思想及表達能力，例如使兒童寫故事或詩歌，演戲或創作歌詞。

至於美術、音樂、戲劇及舞蹈，在今日美國初等學校課程中佔有極重要的地位。就美術言，除具有激發兒童之創造性的發表能力外，尚有兩大目的：其一，在文化領域內，擴大兒童認識藝術的能力；其二，促進兒童審美技能的發展及與人交往的正確態度。此二種目的，爲實施兒童時期圓滿教育 (Well-rounded education) 不可或缺之基本因素。

美國各初等學校，經常提供若干實際資料和經驗，以協助兒童學習。例如，當兒童學習社區內各種機構或各項服務時，學校教師即帶領兒童前往郵局、機場、消防隊、自來水廠及超級市場 (Super-market) 等處，參觀旅行。參觀期間，兒童一面與各單位負責人員晤談，一面仔細觀摩各項設施。返校後，並撰寫參觀報告。一般學校教師，爲使兒童對已經參觀之機構有較深刻之認識，遂令兒童閱讀有關書籍及補充讀物。如此，既可擴大兒童學習的領域，更使參觀所得之經驗與書本知識得有印證之機會。

教科書仍爲各初等學校對兒童傳授系統知識之主要來源，通常每一科目至少使用一種教科書。一般科目之教學，大都使用各種影片、照片、圖畫、圖表及有關讀物；在自然、社會及外國語等科目之教學中，並普遍使用電視。社會科教學，經常使用地圖、地球儀及影片；自然科教學，除使用顯微鏡、溫度計、秤及其他觀測工具外，並利用磁鐵、乾電池、丸劑、風向計及種子等材料，進行各項實驗。

美國教育界人士，認爲一所良好的初等學校，須使兒童具有第一類的學習機會，而儘量避免第二類的學習方式。

第一類

1. 大多數的兒童相繼發問，教師對每一兒童所提出的問題，均極爲注意，並協助兒童在若干資料中尋求正確的答案。
2. 關於每一題目或問題，使多數兒童參與討論，教師並從旁協助兒童擬訂計劃，確立討論步驟，期能養成兒童認眞討論的態度。
3. 四、五年級的兒童，必須學會運用有關的書籍、小册子、及其他資料，以解答問題。

第二類

1. 教師發問，兒童依據某一册教科書作背誦式的複述。
2. 教師指定作業，規定兒童閱讀教科書內某些章節，在規定的章節內，尋求問題的答案。

3. 班內全體兒童，均使用同一教科書，以求得相同之答案。

第五節　初等教育的趨勢

近年來美國各州的初等學校，對於下列教育設施，極爲重視，由此，吾人得以窺探美國初等教育發展的趨勢。

(一) 實驗電視教學

目前美國各地的初等學校，普遍從事電視教學(TV Teaching)之實驗，發現採用電視教學，確能增加兒童的學習效率；卽使較大的班級，使用電視教學，對於一般兒童的學習，亦毫無損害。

(二) 增授現代外國語

美國各地初等學校，設置某些外國語科目者，與年俱增。其中部份原因，係受學生家長及若干有力團體的影響，認爲兒童具有講外國語的能力，待其成長，必將成爲一有效之世界公民。惟一般初等學校的教育工作人員，則以爲課程如須修改，必先詳加研究。

(三) 課程內加強太空概念

關於航空知識與科學、社會及經濟的關係，若干年來，已構成各初等學校課程之一部份。目前由於人類具有太空(Outer Space)方面的新知識，於是引起兒童的好奇，提出若干有關太空的問題，故各學校類皆計劃修訂課程及增加其他學習經驗，期使兒童獲得關於太空的正確概念。此類太空概念的學習，通常包括天文學、人造衞星、噴射推進器、火箭、與夫太空人遭遇的問題及其他相關的題目。

（四）激發創造力

當今世界所需要的公民，乃是具有探索自然科學、社會科學及人文科學等各類領域之能力者。故每一公民必須具備豐富的想像力及創造力。因此，一般美國初等學校，遂極力改訂課程及教學計劃，以促進兒童此等能力之發展。

（五）運用研究以分析問題

一般美國初等學校教師，大都由個人或集體從事於活動或班級研究，以作爲研究問題的方法，甚至求得問題的解決。若干全國性的社團，經常舉辦校際性的會議，期能協助初等學校教師，獲得從事各項活動研究及其他研究技術的能力。

（六）重視教室以外的家庭及社區教育

初等學校各年齡階段的兒童，類皆具有教室以外的教育經驗。蓋兒童每藉旅行或遠足，以了解市政的服務設施；在日常生活中，或觀察地方、州及聯邦選擧事務的進步，或從事社區改良計劃之設計，如鳥類及動物之保護，或防止汚物之腐蝕等。學校教師經常鼓勵兒童儘量協助家庭事務，諸如防止家庭的火災，使用正當方法處置垃圾，或協助家庭處理偶發事件。

（七）評鑑教育成績的優劣

一般非正式的測驗或標準測驗，常可估量兒童的知識程度及知識的類別。近年來各初等學校，大都依據測驗結果以診斷各個兒童學習上的困難，並以此作爲改進的基礎。惟各校除採用各類測驗，考查兒童的成績外，並運用其他的方法，如由教師細心的觀察，或根據各項正式的成績記錄，或以兒童的寫作及其他表現，作爲成績考查的依據。

（八）優異兒童的教育

近年來美國一般社會人士，對於優異兒童的教育，極爲重視。各初等學校並經常舉辦優異兒童的教育實驗。惟一般初等教育工作人員，大都認爲所有的兒童，均有才能，而不可單以學業成績爲限，例如有的擅長美術，有的長於領導，有的優於人際關係的適應，更有體育技能優良者。因此，一種完善的教育，必須注意每個兒童的需要，使每個兒童都能成爲其所屬團體的一份子。

（九）增進國際了解

培育兒童的國際了解（International Understanding），已日益受到美國各初等學校的重視。在低年級，即經由閱讀外國的故事及詩歌，唱外國歌曲，或聽外國的音樂，以培養幼兒的國際了解。四、五、六年級，則給予兒童學習美洲及其他各國的人民、土地及文化的機會。同時，尙帶領兒童前往若干國際組織，參觀實際的工作，如聯合國，聯合國教育、科學、文化組織（Unesco），聯合國兒童基金會(Unicef)，美洲國家組織，及初級紅十字會(Junior Red Cross)等是。有的學校更爲兒童尋找機會，以與外國訪問人員晤面和談話。

第七章　特殊兒童教育

所謂特殊兒童，係指全盲及部分盲、耳聾及聽覺障礙、語言障礙、殘缺及身體具有其他缺陷的兒童（如結核病、心臟病及其他健康狀況不良者）、社會或情緒的不良適應、心智遲鈍及天才兒童等。目前，美國的特殊兒童，由公私立走讀學校（Day School）及公私立寄宿學校，分別施行矯治教育。其中尤以地方公立走讀學校，對於特殊兒童的教育，負有重大的職責。惟情況較爲嚴重的缺陷兒童，則送入寄宿學校受教。

近年來，各州教育廳，對於所轄之學區，於實施缺陷兒童教育時，每多給予技術的指導及經費的補助。美國境內已有四十七州、哥倫比亞區、關島及巴拿馬運河地帶，設置特殊兒童教育的輔導員或行政主管人員。據估計，目前每一州至少設置三名以上的人員，專司特殊兒童教育的輔導之責。

一般地方學區，大都設置一種特殊教育處（Department of Special Education），負責指導轄區內各公立走讀學校的特殊兒童教育事宜。普通公立中小學校舍內，類皆設有特殊學校及特殊班級，爲身心缺陷的兒童，實施矯治教育。有時，某些類型的特殊教育，則附設於正規班級內，使特殊兒童與正常兒童共同作息，只不過對於特殊兒童更加注意而已。例如若干語言障礙或聽覺稍有缺陷的兒童，通常係由正規學校，曾受特殊專業教育的教員，於一定時間內，對於此等兒童施以語言矯正或視話課

(Lipreading lessons)的教育。

大多數的學校，均為語言缺陷及心智遲鈍的兒童，擬訂特殊教育計劃，實施矯治教育。有的學區，常於所轄區內公立中小學附設特殊班級，為智商在五十至七十五之間的遲鈍兒童，實施特殊教學。此等遲鈍兒童，大都各依能力，學習一般基本科目，不單內容淺鮮，課本篇幅亦較正常兒童所用者為少。其中有些學校，側重此等兒童之社會及職業能力的發展。有的學校，又使此等兒童得有與正常兒童共同參與某些活動的機會。更有若干地方學區，為智商在三十至五十之間的遲鈍兒童，設置特殊班級，施以特殊教育。

一般公立走讀學校，為殘廢、大腦痲痺、心臟病及身體具有其他疾病的兒童，設置班級施以特殊教育，極為常見。至於特殊學校，類多備有物理治療特殊座椅、斜面器材及肌肉治療等設備。有的地方學區，則於公立中小學內，設置特殊班級或特殊單位，以收容此等缺陷兒童。有的地方學區，又與社區內之衛生及福利等機構合作，為此等缺陷兒童，從事必要之服務。一般言之，具有嚴重缺陷的兒童，就學於特殊學校或特殊班級，多無期限限制；惟缺陷輕微的兒童，大都只在特殊學校或特殊班級，接受數月或數年之矯治教育。此等兒童往返學校，所需交通工具，悉由地方學區免費供應。

最近，有的地方學區尚指派教師前往轄區內缺陷兒童的家庭，施以矯治教育；同時，一般公私立醫院，亦免費為此等教師，解決技術上的困難。有的州政府，對於此項教學活動，每給予經濟上的補助。

大部份的盲聾兒童，多在寄宿學校受教；惟邇來各地方學區，常設置公立走讀學校或班級，收容盲聾兒童或部分盲和聽覺障礙兒童。

大多數的初等學校，對於社會及情緒不良適應的兒童，均予以特別照顧。若干都市並設置特別班，專門收受此等不良適應之兒童。有的學區，則由正規中小學，延請學校社會工作人員或學校心理學家(School Psychologists)專司此等兒童教育之責。有時，尚接受學校或社區內指導診所(Guidance Clinic)的協助，舉凡情況嚴重的社會不良適應或過失兒童，則送入州立寄宿學校施教。

美國地方教育當局，對於天才兒童的教育，素極注意。有的學區，在正規中小學內，爲天才兒童施以特殊教育；有的都市，則設置特殊學校或班級，對天才兒童，實施全日制或部分時間制的專門教育。有的學區，又制定特殊計劃，使一般天才兒童，在校內得有加速之進步。若干規模較大的中學，則容許天才兒童，在個人興趣範圍內，選習高深科目，藉以提高其知識水準。

一般公立寄宿學校，學生註册人數，其中特殊兒童所佔之比率，各校不一。惟任何一州，均設有若干寄宿學校，專門收受缺陷兒童。在寄宿學校中，以收容盲、聾、心智遲鈍及行爲過失等四種兒童者，佔絕大多數。近年來，收容特殊兒童的私立寄宿學校，亦普遍設置。惟美國一般社會人士，咸以爲特殊兒童的教育責任，應由走讀學校肩負。各州政府對於本州內各地方學區所實施之特殊兒童教育事項，亦給予經費上的補助。足見特殊兒童教育，已深受美國朝野人士的重視。

第八章　中等教育

第一節　概　述

美國青年在中學肄業者，約佔十四至十七歲間男女青年總額的百分之九十。在此一年齡階段，每一百名青年中，約有六十二名畢業於中學。至於中學畢業生升大學的比率，在大學全日制肄業者，約佔中學畢業生總額的百分之四十，在部分時間制肄業者約爲百分之九。（註一九）

美國青年入中學及其畢業生人數，其所以能達到上述數字的比率，考其原因，不外下列數端：第一、一般家長，以爲自己的子女在獲得永久職業之前，必須受中學教育，始能成爲健全的工作人員及公民。第二、大多數的州均規定未滿十六歲的青年，每年須受九個月的學校教育；少數的州，則定爲十八歲以前必須入學受教。第三、美國人有一種傳統的民主觀念，以爲人人應享有適合其能力的教育機會，而克盡公民之職責。第四、在現代的工商企業中，適於中學年齡階段青年擔任的正規職務，爲數甚少。第五、一般青年如擬獲得優良的就業機會，至低限度須受滿中學教育。

第二節　中等教育的目標

美國中等教育的目標，悉以全國人民的希望與需要爲依歸。由於各地人民之需要不同，故中等教

育目標，每因社區、州及學區而異。一般言之，約有下列諸端：(註二〇)

㈠傳授青年關於語文、數學、人文、衛生、美術、工藝、科學、家事及其他科目之基本知識。

㈡培育能關切自身的特權、義務與責任，與夫具有睿智之抉擇和自我指導能力的卓越公民。

㈢以美國民族遺產 (National heritage) 知識為基礎，養成青年對於民主之信仰與忠節。

㈣促使青年關心道德、倫理和精神價值。

㈤協助青年男女發掘其才智及潛能，期有最高限度之發展。

㈥教導青年使其享受完滿之學校、家庭、社會、國家及世界生活。

㈦指導青年增加工作效率，並從事有益職業之預備。

㈧促進青年身心健康。

㈨使青年具有合理之思想，並尊重他人之意見。

㈩啓發青年對於音樂、美術、文學及其他人文學科之鑑賞力。

㈡加強並擴展青年之表達情意和數字計算之技能。

第三節　中等學校的類別

美國中等教育機關種類繁多，全國各地，迄無統一之規定。目前最盛行的中等學校，約有下列五種：

㈠四年制中學　此爲美國傳統的舊制中學，招收八年制初等學校畢業生，肄業四年，通常包括第九學年至第十二學年。近五十年來，若干都市已將此類中學改組爲三年制初級中學，及三年制高級中學；一般較小的社區，則改建成六年一貫制初高中合設之中學。

㈡六年制向下延伸之中學　若干社區將中等教育向下延伸 (extended downward) 二年，而包括原本屬於初等教育範圍內的最後二年，復加傳統的舊制中學四年，乃創設高初中合設或六年一貫制的中學。此類中學，通例包括第七學年至第十二學年的六年。

㈢六年制向上延伸之中學　有些社區，對於高等教育與中等教育未作嚴格之劃分；其中等教育期限，不採向下延伸之辦法，而取向上延伸 (extended upward) 的途徑，包括初級學院的二年，使與中學課程相聯繫。此類中學，皆由第九學年起，至第十四學年止。

㈣四—四制中學　若干都市，將中等教育階段的普通中學，改組爲單一八年制中學 (Unified eight–year high School)，亦有分成兩個階段者，而將第七至第十，四個學年合設爲初級中學，高級中學則包括第十一至第十四學年。此種初高中分別爲四年而設置之中學，成爲未來兩種新型的中學。

㈤三—三—二制中學　最近有若干地區，創設一種新型八年制 (Eight–year model) 中學，通常分成三段，第七至第九學年構成初級中學；第十至第十二學年組成高級中學；第十三至第十四兩學年則爲初級學院。此種中學的上端，尚可增加年限，或包括類如職業性的專門課程的學校。由於此類中學由三段所構成，故亦稱三—三—二制中學。

今僅就初級中學及初級學院之性質約略述之：

（一）初級中學

初級中學（Junior High School）最普通之型式爲包括第七至第九學年，三年獨立設置之學校，而構成一種六—三—三制的組織系統。此種單獨設置之初級中學，通常成爲一種獨立的單位，無論課程、教學計劃、及行政組織均自成體系，惟校舍間有與高級中學合用者。據統計實行六—三—三制的學區，約有六分之一的社區，設置二年制的初級中學（Two-year Junior High School），祗包括第七、第八兩學年，第九至第十二學年則構成高級中學。

一般言之，初級中學之設置，在適應兩種需要：卽消除由兒童期進入青年期的困擾，以及加強兒童中心（Child-centered）的初等學校與學科中心（Subject-centered）的中學在敎育設施上的聯繫。在八—四制的系統中，有些學生於修業八年期滿，卽被學校所淘汰。初級中學則可減少淘汰的數目，而使學生由初等學校進入情況複雜的高級中學前，得有磨鍊的機會。此外，尚有下列之優點：

(1)可協助學生適應高級中學分科教學及日益嚴格的學習活動。

(2)可試探學生關於美術、音樂、家事、工藝及其他學術性科目的教育經驗，以爲學生日後選習課程之依據。

(3)與青年前期有關的各種問題方面，初級中學可提供適當的指導及學生個別的服務。

(4)倘若初級中學的教員，曾受良好的專業訓練，則彼等可於班級教學中，發現青年前期的獨特需要。

然而，目前美國一般初級中學，無論在課程、服務及教學設備上，均未能發揮其應有之功能。有些初級中學的校舍建築，常以高級中學爲楷模，很難適應其特有之需要。有時，若干初中教員，深以爲在地位上不如高中教員之具有吸引力，以致意志消沈，工作懈怠，鮮有優良成績表現。

（二）初級學院

美國初級學院（Junior College），原爲實施大學一、二年級學程的二年制高等教育機關；惟近年來一般教育界人士，咸將此等學院列入中等教育範圍。加利福尼亞（California）州，首先將若干初級學院劃歸公共學校系統，其經費與管理，儼若中等教育機關然。

初級學院爲二十世紀之產物，其由來各州情況不一。有由單獨設置之夜間中學擴充而成者；有由私立舊制中學(Private Academies)及單位行業學校(Trade School)改組而成者；亦有由大學推廣中心(University Extension Centers)演進而成者。最近大部份的州並制定全州性的法令，普遍設置初級學院。美國境內，第一所公立初級學院，於一九〇二年建立於伊利諾州的嘉來特（Joliet），其後加利福尼亞、紐約、佛羅里達（Florida）、伊利諾（Illinois）、華盛頓（Washington）、喬治亞（Georgia）、馬里蘭（Maryland）、堪薩斯（Kansas）及米契根（Michigan）諸州亦相繼設置。據紐約州估計，該州大學一年級學生，在初級學院或社區學院 (Community College) 肄業者，佔全州大學一年級學生總額的二分之一。至一九七〇年，全美各州將有五萬社區，至少各設一所初級學院。此等學院，其所以發展迅速，蓋因四年制學院及大學未能適時擴充其設備，以迎合美國青年之需要。而一般初級學院則能給予青年以低廉費用享受大學教育的機會。其間若干學生，並可於求學期間內在家庭居住，更可節省一筆食宿費用。

美國境內實施後期中等教育的機關(Postsecondary Institutions, 所實施之教育高於中等學校) 名稱繁多：如初級學院、社區學院、舊制中學、推廣中心，講習所(Seminaries)、技藝專科學校(Technical Institutes) 及單位行業學校等。此類機構，大多數爲二年制，亦有一年、三年及四年不等者。其中約有五分之二係由教會或私人組織設置者；其餘五分之三則爲公款設置之學校。一般公立初級學院，或收取少許學費，或全然免費；其所需經費通例由州政府、社區及學生共同負擔。大部分的公立初級學院，需受地方或縣市學務長之指揮監督，此等學院的院長，並須對地方教育董事會負責。各初級學院，大都沿用男女合校制，對區內所有中學卒業生，均採取一種門戶開放的入學政策 (An Open-door Admissions Policy)。換言之，一般中學畢業生，無須通過入學考試，卽可進入初級學院。

初級學院的目標約有四端：

(1)爲不擬升大學的學生，傳授普通教育的終結課程(Terminal Programs)；

(2)實施各類職業性的技術及半專業訓練；

(3)為志願轉入四年制大學肄業的學生，施以普通大學一、二年級課程的教育；

(4)為一般成人實施普通的、文化的及職業陶冶的繼續教育。

所謂普通教育，實為一切課程之基礎，旨在培養學生具有廣泛之職業、公民及社會才能。甚至高深的技術及職業課程，亦包含於普通教育內。人文科學、社會科學及自然科學的普通教育，則為志願轉入四年制大學肄業的學生，所必受的教育。至於成人的繼續教育課程(Continuing education curriculums)除包括普通教育及技術訓練外，尚有類如音樂欣賞、投資、消費的教育（Consumer education）、美術與工藝、兒童保育及其他名目繁多的實用及休閒科目。凡修滿初級學院二年課程者，大都獲得準文學士或準理學士學位(associate in arts or associate in science degree)。

第四節　中學的課程

一般言之，美國中學生須修讀下列諸科目：英文（語文學）、社會研究、數學、科學、衛生及體育。此外尚可選修工藝(Industrial arts)、家事、外國語、音樂、美術、商事教育(Business education)職業教育(Vocational education)及其他科目。

英文每週授課五小時，除少數的州，於中學最後一學年將英文列為選修科目外，通例在整個中學階段，均須修讀英文。其中約有四分之一的中學生，在英文科目中，學習讀、寫、講及聽。至於社會研究(Social studies)大都包括美國史、世界史、社會問題及政府問題。

由中學一年級或二年級起，依規定須修讀簡易數學及簡易科學。嗣後，則可選修代數、幾何、三角、生物、物理及化學。衛生及體育，其授課時數每週兩小時或兩小時以上。外國語如法文、西班牙文、德文、俄文及拉丁文，均係選修科目；一般中學大都祇設置一種或兩種外國語，其授課期限，各校不一，平均二至四年。凡擬投考大學之中學生，其肄業期間，必修科目日益增加，選修科目則逐漸減少。目前美國中學生，選修大學預科課程者，在人數上已創美國中學史上的最高紀錄。

由於體育、衛生及娛樂，在兒童及青年的體格——社會——情緒發展 (Physical-social-emotional development) 中佔有重要的地位，故一般美國中小學對於此等科目，極爲重視。此外，美國各地中學對於駕駛員教育(Driver education)，亦日益注重。

近年來美國各地區，大都設置綜合中學 (Comprehensive high school)；此等中學，通例設普通 (General)，大學預科 (College preparatory)、商業教育及職業教育等數科；各科均有其規定之必修及選修科目。但允許學生選讀本科以外一種或一種以上之科目。

大部份的中學，爲增進不同班級間學生的情感起見，乃將打字、音樂、美術、工藝、衛生及體育等科目，另行編班，使不同班級的學生，得有共同學習的機會。至於男女生，在大多數的科目中，均係同班學習。惟衛生及體育、家事和工藝，則採男女分班教學。少數中學却以爲此等科目，實無男女分別教學之必要。

關於美國中學教學科目之決定機關，值得一提。通常各州議會代表通過之法律，即可決定本州全體中學生所修科目之教學時數。此等科目或係英文、歷史、體育、科學、數學及其他學科。大部份的州，均授權地方學區，決定類如英文或歷史等科目之教學內容或教學綱要。據報導，全國五十州，對於各該州的中小學課程，均操有自行決定之權。

就某種情況言，由古到今，美國獨立學院與大學，對於中學教學科目之設置，不但具有決定性的影響，且實際支配各科教學的內容，尤以中學最後三學年的課程爲然。其主要原因，在於中學課程深受大學入學規程及各地區大中學認可協會(Regional Accrediting Associations of Colleges and Secondary Schools)的影響。

依常規，凡擬投考某些私立及公立學院或大學的中學畢業生，必須參加入學考試，並提出關於知識與技術的成績證明，合格者始得錄取。同時尚須繳驗修畢規定科目如科學、數學、外國語文及英文等之書面證明。大部份的公立學院及大學，對於投考或申請入學的中學畢業生，每根據其學業成績、操行成績及修滿經認可的中學課程成績單，以定取捨。

有時學生家長或以私人身份或團體名義，表示關於中學課程的意見。通常學生家長與教員舉行有關教育問題的定期會議；舉凡學生課外作業的份量，成績報告單的格式，教學的基本技能，以及優異學生的特殊處理等，均爲此一會議經常討論之課題。

近年來各地方學區的公民，每以校務委員或社區課程計劃委員會 (Community Curriculum Planning Committees) 委員的身份，直接參與學校課程政策之制定。在此等委員會中，人民、教員及專業行政人員，相聚一堂，共同研討有關教科書之選擇，教育目的，課程及學校推廣服務等各項政策問題。

至於全國性及全州性的教育組織，亦經常從事教育理論與實際的研究，並經由各種教育雜誌、期刊、公報及書籍，研討中小學教學方面的實際問題。美國境內最大的教育專業組織，即是美國教育協會(National Education Association)，其構成份子、有中小學教員、教育行政人員，及大學教職員，會員人數目前已超過七十萬。全國各地均有該會的分支機構。此外，各科教員亦經常組織全國性及全州性的專業團體，例如美國英文教師學會(National Council of Teachers of English)、美國社會研究學會(National Council for the Social Studies)及美國數學教師協會(Ntiaonal Council of Teachers of Mathematics)等是。其餘類如美國教育研究會(National Society for the Study of Education)，並出版年刊，報導有關教育發展及各項教育研究成果。近四十年來，該會出版物對於中學課程之改進，已具有未可小視的影響。

第五節　中學的教學活動

美國中等教育的傳統目標，在於適應學生智識、社會、體格及情緒等四方面的需要。近年來由於大學入學競爭日益劇烈，故一般社會人士，對於中等教育，每倡改革之議，咸以爲中學階段，應以智育爲重。因此，對於中學生學校課業之指定及各項學業活動，乃逐漸加強。可見美國的中學，有側重

學科中心 (Subject-center) 而忽視經驗中心 (Experience-center) 課程之趨勢。大部份中學的畢業標準 (Graduation Standards) 已予提高，原本規定每年修習四種密集科目(Four Solid Subjects)，現已增加爲五種科目；類如英文、數學、科學及外國語等傳統科目的教學時數，在比率上大爲增加，至於選修科目，則日漸減少。自然科學及數學的教學內容與方法，亦有顯著的改變；各中學大都側重科學及數學的統整概念 (Unifying Concepts) 和知識的整個結構 (Over-all Structure of Knowledge)，而不重視抽象的知識及實際的應用。英文教學則普遍注重文法、作文、語言學、語義學 (Semantics) 及創造性的寫作。有的中學，更爲負擔較重的英文教員，聘用兼任助理，協助教員批改學生的作文及登錄作文分數。外國語教學固日漸加強，設置俄語課程的中學，在數目上亦大量增加。在外國語教學方面，並普遍採用語言專用教室 (Language laboratories) 及錄音教學。

若干美國教育學者，認爲目前的中學制度及課程設施，不足以適應天資優異學生的需求，每使此等學生之智力，未能獲致充分之發展，乃倡議美國中學應具備各項革新措施，諸如高深教材之向下延伸 (The downward extension of advanced subject matter)、科目內容之充實及高級課程 (Advanced Placement Courses) 之設置等。就後一項目言，已有部份中學從事課程制度之改革。從一九五六年起，大學入學考試委員會(College Entrance Examination Board)對於考試成績優異的中學生，設置大學等級的課程 (College-level Courses)，使其取得高級資格 (Advanced Standing) 或實際的大學學分 (College Credit)。目前每年約有一千所中學的兩萬名學生，修習大學等級的課程，期能獲得爲數約一千所與中學具有合作關係的學院及大學的學分。因此有些修畢大學等級課程的中學生，於升入大學時，即成爲大學二年級學生。匹茲堡（Pitsburgh）地區的中學乃首先實施高級課程計劃。就此一地區言，每年即有一千餘名年在十三歲至十九歲間青少年（Teenagers），於中學時代修讀大學等級的課程，並參與本地大學的特殊暑期班（Special summer sessions）。

某一地區中學與大學間有效的合作，固可提高優異中學生的程度，尤能加強中等與高等教育間的聯繫。例如達特茅斯學院（Dartmouth College）即舉行一系列的物理學示範講演（Lecture-demonstrations），以補充鄰近地區中學物理科目之不足。聖達巴巴納的加州大學（University of California at Santa Barbara），有若干教授即在聖達巴巴納中學短期班（Occasional Classes）任教，使此一中學的教員得有與大學教授共同工作的機會，進而謀取中學與大學間課程的協調。據估計，一般中學內天資聰慧成績優異的學生，爲數甚多，確有實施程度高深、內容豐富之教學的必要。

例如佛羅里達（Florida）州墨爾本中學（Melbourne high school），即實施不分級（ungraded）辦法，以適應能力優異學生的個別差異。該校依成績將學生分爲四組：大學等級組（Advanced College Placement）、優異組（Accelerated）、中常組（Average）及矯正組（Remedial）。所有學生得依個人的成績在各組修習各種科目，因此某生既可修習微積分，亦得於矯正組修讀英文。其他各地的中學，亦相繼採用種類各異的多軌課程（Multi-track curriculum），如哥倫比亞區（District of Columbia）內的中學，即首先創行多軌課程制度，協助能力及興趣各別的學生，達到一定的成績水準，並選擇適合自身需求的學術路線。近年來各地中學普遍設置暑期班，使優異學生得有修讀較多選修科目之機會，遲鈍學生亦有複習某些科目之場所。對於身體缺陷之青年，一般中學大都採用特殊教學方法及增加各種設備，以謀改進。課外活動，亦極力設法充實。自國防教育法案(National Defense Education Act)頒佈後，中學階段學生指導活動，普遍加強。

中學課程的範圍，亦日益擴大，舉凡有關世界文化、國際關係、經濟學、社會學、心理學、教育學、電子學、以及其他新興科目，均在不斷增設中。由於國際的分裂與競爭，遂使美國中學普遍注重美國現制政府的價值、理想及成就，與其他政治及經濟制度，特別是共產主義的制度，作比較研究。關於農業、工業、國防、商業及其他相關科目的技術部份，則設置各種職業預備性、半專業性，及職業性的課程。史密斯—休士法案(Smith-Hughes Act)側重農業及家事；喬治—巴登法案(George-Barden Act)，增加指導活動；最近由詹森總統(President Johnson)簽署的職業教育法案(Vocational Education Act)則強調多種職業訓練(Multi-job training)及現代化技能之學習。

至於教學方法則兼重知識之內在及外在價值，各中學樂於採用各種有趣的教學方法，如協同教學(Team Teaching)、電視、教學機(Teaching Machines)、語言專用教室及編序教學(Programmed learning)等。一般初高級中學及初級學院，更廣泛使用標準測驗(Standardized testing)以測量學生的生長及成績。此種測驗，現已成爲評鑑中等教育階段內一切課程成效的重要工具。惟部份美國教育家，則極力反對中學過分重視所謂新教法及新教材。

在美國中學課程方面，與世界其他國家間，有一種最顯著的差異，卽是美國中學教員對於教學內容及教學時間的決定，具有較大的自由。各州的法律及規程，雖可規定中學的課程，但教員常基於學生發展上的需要、興趣、經驗背景及教材類別的觀點，而與學生及其家長共同提供關於教學方法、時間及內容方面的意見。

目前各州教育廳，大都發行一種教學指引(Guides to Teaching)，以代替原有之敍述詳盡的課程綱要。此一教學指引，分章敍述若干論題，如青年的特性，資料及教學單元的準備、學科的目標、視聽教具的使用、小團體的教學、個別差異的適應、學生成績的考查、以及學生的生長與成績的報告等。此等教學指引，例由經驗豐富的教師，組成一種委員會，在課程及教材專家或顧問的協助下，編撰而成。有時則由各該縣、市、鎮的中學教員，甚至某一中學的教員，負責編製教學指引。

一般美國中學教員，大都使學生具有嘗試各種經驗的機會。因此，在一間教室內，常實施各種不同的活動，以促進學生的進步。至一所美國中學參觀教室活動的人士，常見二、三學生在佈告牌上從事一種新的設計，或一種委員會正在計劃一項實驗和佈置必要的設備，或一、二名學生正在檢查或核對教室內圖書室的書籍，其餘的學生或書寫或閱讀，甚至進行團體或個別設計。所以一所美國中學的教室，已成爲青年學習做事的實驗室，教師立於指導地位，做技術或知識的指導。一般中學經常指導男女學生共同學習及共同工作的方法，使其尋找事實及發現眞理，求得合理的結論，甚至爲團體中每一份子謀取最大的福利。能力相當的個人或團體，時常相互比賽。美國中學教員，並隨時鼓勵學生在拚音、閱讀及數學等各方面，與自己以往的成績作一比較，視其有無進步。

美國中學教室內的委員會活動及團體討論，雖日益普遍，但仍舊採用傳統背誦式的教學方法的教員，亦頗不乏人。惟一般中學教員設與大學教員相較，中學教員採用講演教學法者，遠不及大學教員之多。

第六節　中等教育的趨勢

美國的中學，就歷史發展言，大體分爲四個時期，即拉丁文法學校（Latin Grammar School）時期、徵收學費的舊制中學（Tuition Academy）時期、免費公立中學（Free Public High School）時期、及擴充或改組的中學(Extended or Reorganized Secondary School)時期。自一八八〇年起，美國的中學在學校數目及學生人數上，均有顯著的增加，在可見及的將來，仍有日益增加的趨勢。目前，美國中學年齡階段的青年，約有百分之八十五已入學受教，其中學階段就學人數比率之高，幾爲全世界之冠。

美國中等教育目標，雖無全國統一的規定，惟歷年來各教育學術團體及教育學者，次第發表研究心得，其中較爲重要者，有中等教育改進委員會於一九一八年提出的「七大重要原則」(Seven Cardinal Principles)，即：(1)健康；(2)具備基本知能；(3)家庭中賢良份子；(4)職業效能；(5)公民資格；(6)善用閒暇；(7)道德的品格。一九四七年美國中學校長協會 (National Association of Secondary School

Principals）提出的「青年十大迫切需要」(Ten Imperative Needs of Youth)，即：⑴所有青年必須獲得有益的知識、技能及態度，期能參與經濟生活，成爲社會上的生產份子；⑵所有青年必須養成健全的身心；⑶所有青年必須了解民主社會中公民的權利及義務，並樂於承擔公民的責任，成爲社會中的善良份子，國家的優秀國民，世界的良好公民；⑷所有青年必須了解家庭對個人及社會之重要性，並洞悉如何始能獲得美滿的家庭生活；⑸所有青年必須了解如何選購貨物，及如何使用物品；⑹所有青年必須了解科學方法，科學對於人類生活之影響，以及關於人類自然的科學知識；⑺所有青年必須發展其鑑賞力，期能鑑賞文學、美術、音樂及自然之美；⑻所有青年必須善用閒暇，支配閒暇時間，以從事有益身心及社會的活動；⑼所有青年必須養成尊重別人的態度，遵守道德的標準，並能以合作的態度，與他人共同生活，共同工作；⑽所有青年必須培養其合理的思考力，清晰的發表力，有效的閱讀力及良好的聽講力。一九五八年美國學校行政人員協會年鑑委員會（American Association of School Administrators Yearbook Commission）發表「變動世界中的中學」（The High School in a Changing World）（註二一）一文中，提出「二大基本目標」（Two Fundamental Purposes）：⑴使個體的心智、道德、情緒及體力獲得最高之發展，以享受豐富的個人生活；⑵使個體的能力及希望獲得最高之發展，期能對全人類爲最大之貢獻。目前美國中學教育設施，深受一般社會人士之重視，故對中學之研究與批評層出不窮，致使美國中等教育已產生實質上的改變。

關於中等學校的類型，現今最盛行的中學，厥爲四年制中學、六年制中學、初級中學、高級中學及初級學院等。至於初級學院的性質，仍在爭論中，有人視爲中等教育的向上延伸，有人稱爲高等教育的變形。姑不論觀點如何，在可預見的將來，初級學院必將迅速的發展。

中等教育機關除爲優異學生預備升大學之外，並對全體美國青年實施普通教育，及若干不擬升大學之青年，從事實際生活之研究。故在一般中學課程內，增設不少的新興科目。目前各中學的指導活動，尤爲普遍所重視。至於美國中等教育發展的趨勢，極難確切說明，茲就犖犖大端，言之如次：

㈠在各級學校中，最受社會人士重視者，厥爲中學；學生家長及一般公民對於中學教育設施的興趣，已達到曠古未有的程度。

㈡從事各項有計劃的實驗及研究，以求教材教法之改進；凡能擴大教師服務工作的一切有效方法，均在優先考慮中，電視教學卽爲其中之一。

㈢基於工業、經濟、文化及政治等各方面的進展，中學課程迭加修訂；其中尤以數學、科學及外國語等科目之改變爲多。

㈣從事由小學至大學階段，各類教材教法之改進，使各級學校得有更密切之聯繫；增加聯繫的方法，不外舉辦研習會、討論會、相互觀摩、以及各級學校教師間的密切合作等。

㈤中學畢業生的課程單位總數及所有中學生在某些科目方面的教學時數，已普遍增加，其中尤以數學及科學爲然。

㈥美學中等學校的留生力（Holding power）普遍增加；每年入中學及中學畢業的青年，在人數比率上，亦逐年增高。

㈦各中學的指導活動，日益普遍，指導時間，亦逐漸增加；團體及個別測驗，固大有改進，指導記錄卡及其他用於評鑑和諮商所需之器材，尤普遍採用。

㈧對於佔美國中學生總額百分之十五的學業及工作優異的學生所施的教育，日有改進，其教育效能亦大為增高；目前美國中學階段，不但優異學生人數普遍增加，且此等學生之進步亦極神速；蓋一般優異學生所受教育之內容，較之以往充實良多。

㈨現代語、數學及科學等科目之教學，深受重視；並於此等科目領域內增設新興科目，使學業優異的學生，得有從事高深研究之機會。

㈩為增進美國中學生，對於世界各國人民生活及學術文化之了解，乃使學生研究外國文學、世界史地，及現代外國語。

㈡設置英文及數學矯正班，對於缺乏基本閱讀、寫字及計算技能的學生，施以矯治教育。

第七節　初等暨中等教育法案

一九六五年四月十一日，美國聯邦政府頒佈一項「初等暨中等教育法案」(The Elementary and Secondary Education Act of 1965)，以十三億美元充實中小學教育設施。茲將此項法案之要點，撮要述之：

㈠加強收入低微地區的兒童教育計劃　法案中指定以十億零六千萬美元，補助各州窮困地區，發展其學區教育計劃及增加公立中小學設備。此項補助費用之使用計劃和方法，悉由各地區自行決定，聯邦政府未加任何干涉。惟其立法精神，旨在鼓勵一般貧窮地區，從事類如修訂中小學課程，加強學生及其家庭之指導，儘早發掘智能優異及心智障礙之兒童，善用新式教具，以及特殊兒童教育改進計劃等事項。

㈡充實學校圖書館、教科書、及其他教學用具　預計以一億美元，充實全國各地中小學圖書館資料、教科用書、教學參考書籍及視聽教具等；使用款項時，須尊重各地中小學教員及學校行政人員的意見。

㈢資助教育供應中心的經費　此項法案規定以一億美元，發展一種教育供應中心 (Supplementary Education Center) 及教育服務工作，並鼓勵各地區設立示範性的初等學校及中學。

㈣擴展合作研究範圍　擴充合作研究範圍，旨在了解兒童及社區之需要，並提供適當經費，補助全國性及地區性研究機構，從事合作研究之用。

㈤改進州教育廳的職權　法案規定，擬以二千五百萬美元，爲各州教育廳改進或擴大各種計劃之用。各州於實施第一個兩年計劃時，所需經費全部由聯邦政府負擔。惟此項經費之使用，須經教育家縝密研究，並儘量從事類如教育計劃之考核，教育資料之搜集、整理、分析及報導，課程教材之出版及分配，教育研究之指導，教師教學準備工作之改進，州及地方學區服務人員之培育，以及對特殊地區提供諮商及技術助理人員等。

此外，一九五八年國防教育法案(National Defense Education Act)於一九六四年十月修訂時，除原有數學、科學及現代外國語等科目之教學繼續加強實施外，復增歷史、公民、地理、英文及閱讀等五科目。該法案第六款並鼓勵設置養成中小學英文、閱讀、現代外國語、歷史、地理等科目之教員，與夫指導工作人員、學校圖書管理人員、教育推廣人員、傷殘兒童教員、以及諮商人員等研究所。

第九章　高等教育

第一節　大學的任務

美國大學教育的任務，在供給每一受教者之同等發展其心智、情緒及身體的機會；其課程不外是獲得若干足以影響個人生活效率和人類幸福的態度、技能、理想與方法。因此，霍布金斯大學（Johns Hopkins University）前任校長鮑滿（Isaiah Bowman），於其所著「美國民主主義的研究院」（The Graduate School in American Democracy）一書中，揭示美國大學教育目標如次：

㈠對於吾人所持之開明態度，具有實際經驗之了解；

㈡具有批判工作方法之經驗；

㈢具有自然科學和一般學術之歷史知識；

㈣具有認識並研究環境之若干技能；

㈤對於現代國際事務，具有實驗性的知識；

㈥具有全人類於各種不同之環境、職業和文化背景中，以瞭解客觀情境的一種哲學或先明之明。

其次，美國若干著名教育家，認爲大學教育的使命，在於培養各種職業方面的領袖人才。因而主張大學應實施「博雅教育」（Liberal Education）。恩狄歐齊學院（Antioch College）院長亨得遜（A. D.

Herderson）卽其代表。渠謂：「博雅教育……現在需要一種新的解釋。所謂博雅教育，乃是培養學問淵博、舉止文雅的個體的一種教育。此種個體能了解歷史，觀察並批判當前的社會，洞識社會動力（Social Dynamics），並有助於世界之改進。因此博雅教育，確有助於現代文化之提高。」所以各大學或學院，皆須指導學生在下列情況下，鍛鍊其領袖才能：⑴熟練文化、科學和技藝知識；⑵具有一種專門職業的工作技能；⑶認識自然之美，並創造人爲之美；⑷了解廣泛之經濟、政治及社會問題。

最近，美國教育學會（American Council on Education）曾以「普通教育的目的」（A Design for General Education）爲題，提出美國普通教育的目的如下：

㈠保持和增進個人之健康，並能對於他人健康之保持，作適當之貢獻。

㈡運用本國語文，以書寫和講演方式，表達適合知識份子所需之情意。

㈢在廣泛之社會關係，及與他人共同工作的經驗中，能獲得一種健全的情緒和社會適應。

㈣對於各種問題，皆能運用思考，並能獲得一種促進家庭美滿與婚姻適應的基本門徑。

㈤對於處理美國生活中交互關係的各類社會、經濟及政治問題，以及分析戰後國際改造問題，能克盡一個自主而敏慧之公民職守。

㈥對於含蘊在個人環境中的有關人類社會及人羣幸福的自然現象，具有明確之認識；同時，尚能運用科學方法分析個人所遭遇之一切問題，尤須運用功效卓著之非文字的思想和溝通情意的方法。

㈦應具有在文學或與他人共同研討文學的個人經驗，以及個人的文藝觀念與理想中，以發現自我表現(Self-expression)的能力。

(八)能於音樂及各種藝術作品中，發表自我表現之方法，且對於藝術及音樂，具有適當之認識與鑑賞。換言之，在個人經驗與社會形態或社會運動中，皆具有適當之反省。

(九)對於人生的意義與價值，應具有清晰與完整之思考或體認。

(十)能選擇適合個人的才能，並有助於個人對於社會需要作適當貢獻的一種職業。

第二節　大學的類別

（一）**初級學院**（Junior Collges）

按理論講，一所單獨設置的初級學院，應屬於中等教育範圍，而成爲一種高級中等教育（Higher Secondary Education）。但實際上，一般大學附設之初級學院，往往成爲大學本科之初級部（Junior-College Division）。所以，美國的初級學院，實爲中等教育與高等教育之間的學校，列入中等教育範圍固屬常事，劃歸高等教育亦無不可。據一九五八年美國國防教育法案（National Defense Education Act）之規定，對於初級學院的涵義，曾作如下之解釋：「初級學院係指實施高等教育的一種機構，招收高級中學卒業生，授予爲期二年之大學教育，本階段所修學分可用作攻讀學士學位之一部份。」就功能言，具有下列四端：

1.大衆的高等教育（Popularizing Higher Education）　給予各地中學畢業生及未受大學教育的成

人，以進大學之機會。

2.準備(Preparatory)的教育　對於升入高級學院或專門學校的學生，給予二年之標準大學教育或專業工作預備訓練。

3.終結(Terminal)的教育　使學生對於某種職業與社會公民資格，能有二年之準備。

4.指導(Guidance)的教育　協助青年學生調適其生活，並從教育與職業方面，予以適當之指導。

至於一般初級學院的課程，統括爲四類：(1)基本科目，側重普通教育及文化的陶冶；(2)高深研究的預備科目，旨在獲得學士或更高之學位；(3)半專業科目(Semiprofessional Courses)，爲升入專門學校之預備；(4)職業科目，爲直接從事某種職業之所需。

(二) 社區及技藝學院(Community and Technical Colleges)

社區學院，係實施第十四學年或大學二年級以下之終結性或半專業性的教育機關，亦有修業四年者。其目的在以教育服務整個的社區。由於各社區之需要不同，故社區學院之功能及教學科目，亦彼此互異。紐約州對於社區學院，曾作如次之解釋：「社區學院爲實施職業資格之預備及社會生活中心教育的機關。」就地區言，有地方公立、區立及州立社區學院；就性質言，多屬技藝或應用文理科專科學校(Institute of Applied Arts and Sciences)。就課程言，大約分爲四類：(1)半專業及專業教育；(2)工藝及技能訓練；(3)成人教育；(4)普通教育。依據國防教育法案的解釋，所謂技藝學院，即「招收高級中學卒業生，實施爲期二年之高等教育，旨在培養工程、數學、物理或生物科學等各方面之技術人員，此等人員亦即稱爲熟悉工程、科學或其他工學(Technology)部門之基本知識，並擅長學以致用之專業人員。」

(三) **普通學院** (General Colleges)

普通學院，顧名思義，爲實施普通教育之學院。其目的在使學生對於所生活的世界及社會制度，具有廣泛的了解。修業期限，一至二年不等，而以二年爲常，期滿可轉入高級學院。所授課程，包括自然科學、社會科學、英文及文學、指導、歷史及政府等五類科目。

(四) **文理學院** (Liberal Arts Colleges)

此類學院，大率分爲兩類：一爲獨立文理學院，一爲大學文理學部 (Division of Liberal Arts of University)，後者多設於規模較大之大學內。其目的在實施博藝教育、專業預備訓練，及某種程度之專門教育。通例四年畢業，前二年爲普通教育，後二年爲專門或集中科目。修業期間，學生爲取得某種學位，可集中修習某類科目，但其教育主旨，乃希望全體學生廣爲涉獵下列三類課程：人文科學、自然科學、及社會科學。此等學院，多係私立。

(五) **市立學院及大學** (Municipal or Urban Colleges and Universities)

此類學院及大學，由市教育董事會管理，經費則由市政府負擔。亦有由市政府及州政府共同負擔者，如底特律市(Detroit)之魏尼大學(Wayne University)是。市立學院及大學，規模大小不一。其中紐約市立學院，規模龐大，下設市區(City)、亨特(Hunter)、布魯克林(Brooklyn)及皇后(Queens)四所學院。自一九六一年起，與紐約市區之三所社區學院合併，改稱紐約市立大學(The University of the City of New York)。此等學院及大學，爲數雖少，但其影響甚大。

(六) 大　學

所謂大學，類皆規模龐大，院系繁多，通例包括四年制本科、哲學博士研究科、及醫學、法律、工程及其他高等專門學院。依經費來源分，可別爲下列二類：

1. 州立大學(State Universities)　由各州高等教育董事會管理，經費由州政府負擔。原則上爲州內之大學教育機關，但其活動常擴展至其他各州，甚至其他國家。

2. 私立大學(Private Universities)　美國之容許私立大學，旨在促進公立大學之進步；蓋私立大學在教育上與公立大學之競爭，宛如市場上之商業競爭然。一般私立大學，多由董事會(Board of Trusties)管理；該會係由校內行政人員及校外捐款人士所組成。

(七) 公地學院及大學(Land-Grant Colleges and Universities)

所謂公地學院及大學，係根據一八六二年美國國會通過及一八九〇年修正之莫利爾法案(Morrill Act)的規定，每州有參衆議員各一人出席於國會者，得由聯邦政府給予三萬英畝之公地，以其收益補助「科學及古典學科以外之農業及工藝（Mechanic Arts）教育，軍事訓練亦包括在內」。一八九〇年起，改爲每年給予各州一萬五千美元。接受此項補助的學校，有州立大學、農業或工業大學及學院、初級學院、師範學院及實施黑人教育的高等專門學校。

一般公地學院及大學，通例負有教學、研究及推廣等三大任務，而尤以推廣爲首要工作。例如公地農學院之推廣工作，即由三方面進行：第一、爲農業知識之推廣，亦稱「農場推廣」（Farm Extension），即將各種新興之農業技術及農業經濟知識，介紹予各農場；此種工作，由各縣之農業推廣指導員（County Farm Agents）率同各助理推廣員在農學院所派之各專家協助下行之。第二、爲家庭推廣（Home Extension），即以鄉村農家爲推廣對象，由各縣家庭示範指導員（Home Demonstration Agents），率領各助理指導員，在各專家協助下行之。其工作內容，包括家庭房屋佈置、食品調製、子女教育、環境衛生之改善、家人情感之調和，以及一切有關家事及家庭經濟措施之改進事項等。擔任家庭推廣工作的人員，全部爲女性。第三、爲農村青年的組織及訓練，以四健會運動爲中心，而配合其他之青年組織。其目的，在於培養農村青年男女之心身健全，手腦並用，及思想純潔。

其次，各公地學院及大學的男生，除身體衰弱或年齡較小者外，一律須接受軍事訓練。軍事教官，由作戰部(War Department)派員擔任。

（八）**專門學校**（Professional Schools）

自一六三六年，以訓練教會牧師爲旨趣的哈佛學院(Harvard College)成立後，由十八世紀中葉開始，美國各大學及學院，遂漸次重視專業教育。一七六五年賓夕凡尼亞大學（University of Pennsylvania）增設醫學部；一八一七年哈佛大學增加法學院；一八二三年威爾滿州由霍爾牧師（Reverend Samvel R. Hall）創設一所私立師範學校；嗣後各地相繼設立牙科、藥學及其他專門學校。但由於藝徒制（Apprenticeship System）之興起，致使此類專門學校之發展，大受彰響。

（九）研究院（Graduate Schools）

美國的教育制度，以研究院或高等專門學校（Advanced Professional School）爲其頂點。素來學院與大學的區別，即前者祇設大學本科，後者則兼設本科及研究科。不過，事實上有些學院設有研究部，有的大學又僅設大學本科。目前除一般專門學校以研究爲中心工作外，有些大學亦以研究院爲其研究中心。一八七六年，霍布金斯大學，即首先設置研究院。華盛頓的賀瓦大學(Howard University)由於各州對於在該校肄業的本州學生，常給予獎學金，故該校大部分學生，均在研究院研究。所以，就今後之發展趨勢窺察，美國的各專門學校固以專門研究爲主，一般大學亦將以研究院爲中心。茲將研究院的各種學位，簡介如下：

1. 碩士學位（Master's Degree）　凡取得學士學位者，如擬獲得碩士學位，必須符合下列規定：(1)繼續研究，至少一年；(2)修滿規定之學分或三十學期時數（Semester Hours）；(3)通過初試及綜合考試(Preliminary and Final Comprehensive Test)，包括口試及筆試；(4)完成研究設計，繳納論文或同等著作，或完成高深研究學程。上項規定，係就一般而言，各校規定，不盡相同。例如教育碩士學位，哈佛大學及伊利諾大學(University of Illinois)規定取得學士學位者，須繼續研究二年；芝加哥大學(University of Chicago)的碩士學位，其授予不以研究成果爲基準，而視研究者有無長期研究之意願；蓋該校認爲某些學生，目前雖不能運用試驗及統計方法，然今後却願一直從事研究工作，實較業已了解並具有研究結果而不願從事長期之研究工作者爲佳。此外，尚有若干研究院，設置碩士與博士學位之間的中間學位(Intermediate Degree)。

2.哲學博士(Doctor of Philosophy)　美國大學研究院及高等專門學校，類多授予醫學、牙科及哲學等博士學位。哲學博士學位之授予，各校規定不一。通常一位博士學位候選人，於取得碩士學位後，至少再研究二年，修滿規定之學分或七十五至八十學期時數，繳納博士論文一篇或同等著作，具有閱讀二種外國語（通例爲法文及德文）之能力，並通過筆試及口試者，始能領受學位。

3.教育博士(Doctor of Education)　教育博士與哲學博士之主要區別，不在程度高下，而爲著重點不同。前者重視教學或行政專業能力，後者側重外國語及專門科目。例如有的大學研究院，即規定教育博士候選人，須具有三年之專業教育的教學經驗。

4.高深研究工作(Postdoctoral Work)　目前美國哥倫比亞大學師範學院(Teachers College, Columbia University)及其他少數研究機關，設有此項學程及獎學金。旨在鼓勵已獲哲學或教育博士學位而有志繼續從事高深研究工作者，完成其研究計劃。此種獨立性之研究工作，在美國各專門學校及專門事業中，已日益發達。最近復有人主張，凡獲得碩士學位或博士學位者，於獲取學位後之十年內，在專業上如無確切之成績表現，卽取銷其繼續享有此項學位之資格。

第三節　大學的行政組織

（一）董事會

美國大學之最高主持機關爲董事會，亦稱管理會、監理會或理事會（Board of Trustees, Governors, Rectors, or Regents）。董事會通常以少數董事構成，皆爲無給職，多屬工商界，或各類專業方面之聞人。有時彼等並非大學卒業生，除充任董事職務外，對於教育工作並無關涉。依各大學之章程，彼等掌握財政權，並對於規定課程，任免教授，具有最後決定權；大學政策上凡有任何重大變動，必須經其同意。

私立大學之董事，多屬對學校有資助關係者；州立大學之董事，或由民選，或由州長委派，或由州議會依州長之推薦選任之。近年間有允許教授會代表列席並參加討論者，但無表決投票權。爲謀各方面之聯絡，近有由董事會、教授會及校友會組織聯合委員會（A Joint Committee of the Board, Faculty and Alumni），以資聯絡者。

（二）大學校長

大學校長之地位，對外爲大學之代表，對董事會爲全體教授之代表，總攬大學一切教務、財務及事務；惟現今一般傾向，爲另置事務經理一員，在州立大學，彼自身亦爲董事之一，且往往爲董事會之主席。

關於教務之一切事宜，如入學、學位或榮譽學位之授與、教學、及畢業等等，均由教授會主持；惟教授會之決議，如含有重大改革在內，則須提請董事會認可。

州立或市立大學及學院之經費，列入州或市之預算內，故經費之籌措，不成問題；但在恃捐款之私立學校，則籌款乃成爲校長之最大任務。若干小型學院之院長，多出身教會職司，每具有異常之經濟手腕。無論何種專門之教育行政專家，或如何偉大之學者，苟缺乏此項技能，即須避位讓賢。校長由各該校之董事會選充，任期間有長達終身者。所謂董事會實爲學校財產之經營者，握一校最高權力，儼有南面王之勢。近來各校校友會，以其亦負擔籌款事，漸起而與之爭權；但就全國一般情況觀之，其勢力猶甚小。

（三）大學內部組織

校長以下，通常分爲三或四個部門：(1)總務部門（Business Affair of the Institution），設「事務經理」(Business Manager)一人，掌握全校總務事宜，通例稱爲副校長(Vice President)。(2)訓導部門(Supervision of all Noninstructional Services for Students)，設訓導長（Dean of Students）一人（亦稱學生指導部主任 Director of Student Personnel Services），或分別設置男生訓導或女生訓導（Dean for Men and for Women Students)各一人。有些學校則分派年事較長之學生，充任年齡較輕之學生的顧問。如少數女子學院中，還創設所謂「大姐制」。(3)教務部門(Instructional Program)，獨立學院或大學各學院之聯合，設教務長(Dean)一人，掌理各該校院之學術研究事宜。由於職責重大，常被視為副校長。(4)對外聯絡部門(Public Relations)，設主任(Director)一人，與副校長同等。掌理本校對外聯絡及交際事宜。

各大學為推進學術研究工作，乃設置若干學院。專門學院如工學院、法學院及醫學院等。普通學院如文理學院等。有些大學還將實施普通教育的大學一、二年級單獨組成一種「普通學院」。一所典型的美國大學，通常包括四年制的文、理學院及研究院。在美國的術語中，所謂大學，乃是研究院與學院之總稱。有些美國大學，除設有文理學院外，尚有一所工商管理學院(College of Business Administration)，或一所建築學院(College of Architecture)、農學院、體育學院，甚至一所社會事業學院(School of Social Work)，或一所護理學院、音樂學院、家政學院。至於工學院，可以附屬於大學，亦可單獨設置，著名之麻州理工學院，便係一例。在美國大學教育中，學院一詞，或以College名之，或稱School，此二名詞，常交互應用，並無嚴格之區分。

各學院設院長一人，為各院之行政首長。院內復分若干學系(Department)。如工學院即分為機械工程、土木工程、電機工程及化學工程等學系。文理學院，則分為歷史、數學、哲學、英語等學系。各系設系主任(Chairman or Head)一人，為該系之執行員(Executive Officer)。

美國各大學的行政機能，可由各該院單獨執行，亦可由各大學的總辦公廳統籌辦理。如屬後者，在總辦公廳內卽設新生入學辦事處與註冊處。美國各大學，負學生教訓之實際責任者，則爲教授會(Faculty)。該會主席，通常爲教務長。一般說來，教授會對於有關教育政策與學術問題的事件，常握有獨立自主之權力。教授會藉民主的程序，和議會立法的正軌，以及委員會的反覆討論等，而正式規定學生入學資格，頒佈學位條例，擬訂及實施教學計劃，並負責考核學生的成績。甚至負有指導學生生活之責。

在若干學校中，教務長或院長，受教授會之委託，只能代表教授會執行其決議案，個人幾無權力可言。然而在另些學校中，教務長或院長又操有莫大的權力，尤其對於有關人事和財政的事件。一個教授會，設以文理學院爲例，通常包羅多數教員。所以爲分工合作計，常在教授會下分設若干學系，每一系負責一種學術研究與教育事宜。學系是教授會行政的基本單位，亦爲大學的行政基本組織。學系執行全體教授會所議決與其自身有關之事宜，而學系本身亦有立法的權力。例如教授會通過有關學位的通則，而系務會議則決定其實施細則。學系不但是財政和預算的單位，而且在全校中也是一個社會單位，因爲教授會中每一份子，照例也都是學系中的一個成員。新教員的提名，舊教員的升等，均須先經系務會議通過。至於系主任，多半由院長任命，然亦有由本系教授推選者。在若干美國大學中，系主任毫無權力，只不過執行教授會和系務會議的決議案。他是系務會議的主席，也是系務會議的執行員。然而在另些大學中，系主任又頗有權力，常被稱爲首長，並可長期保持其職權。另一方面，系主任一職，亦可由各教授輪流擔任，任期三至五年不等。所以各學系的每位教授，在其教授生涯中，至少有一次會輪流到系主任的職務。在美國大學中，凡屬繁重或榮譽的職務，每由各該校的教授分別負擔，絕少專斷情事。

在美國大學中，除上述各種機構外，尚有若干附屬單位。如負責修建校舍與管理事務的「校舍場地部」；保障學生身心健康的「醫務處」。此外，還有隸屬一所專門學院或研究院的職業指導部，負責指導學生選課，使其所選課程，能適合其興趣與需要。與這一部有密切關係的，便是職業介紹處，乃是爲畢業生謀出路而設立的。有的大學，尚設置一種測驗處，專司各種性向、成績和職業測驗之責。有的大學，則設置一種修學指導處，負責指導學生改進其修學習慣，增進其閱讀效率，有時並爲學生補習功課。在規模完善之大學中，尚設有暑期學校及推廣部，前者或爲正式生補修不及格的學程，或加修學分以便提前畢業，並使一般試用教員對於所任學科，得以充實其內容，改進其教法。有些地方，則專爲外國留學生補習英文而設。後者乃是大學對當地社會的服務，授課時間，通常爲晚間或傍晚，或星期六上午，以便日間工作的成人，得有進修之機會。

總之，美國大學以董事會爲其最高權力機關，一般公私立大學或學院，均受董事會節制，而大學校長或獨立學院院長，則握有實際行政大權。學術事務由各院系自行處理，但人事、經費及全校性的政策，則取決於董事會。校長代表學校出席董事會，並爲一切計劃和預算之製定者，故校長個人具有極大的左右力量。由於以校外人員所組成之機關主持校內事權，其大學所享有之獨立自主權，祇限於學術事務，通例均以正式或非正式的聘約方式，規定教授的權利和義務。故美國大學所享有之自治，較諸歐洲國家的大學，頗見差別。

第四節　大學的課程

美國的大學課程，通常分爲語言與文學、社會科學、科學與數學、以及美術等幾大部門。有的學院或大學，規定一、二年級的全體學生，必須修習上述三大部門中的每類課程一年或二年。有些課程如英文或歷史，爲共同必修科目，其他科目，則容許選修。此種計劃，旨在避免過早的分化(Speciali-zation)，使每一學生對於各種重要的學科，皆能有某種程度的了解，待至高年級時，始爲某一專門課程的高深研究。此種措施，在使低年級的學生，獲得廣博的研究基礎，到高年級時，才開始從事專精而高深的研究，而且這兩個階段，皆不致受到任何的損失。

美國大學課程，並無全國統一的規定，每因校別及系科性質而異。茲就一般州立大學學士學位階段外國語言(Foreign Language)學系課程概況說明之。凡在外語學系肄業之學生，依規定除軍訓及體育外，必須修滿一百二十學期時數(Semester hours，通稱學分)。通常男生須修軍訓五學分(卽學期時數)，體育四學分；女生須修衛生和體育各四學分。至於一個學期時數(或學分)，通例等於一學級小時(Class hour，授課一小時)，或實驗三小時，每學期授課約十八週。依規定學士學位，修業四年，每學年修讀三十二學期時數(學分)。換言之，每一學年每名學生耗於教室內之受課時間，共計五七六學級小時。

此外，外語系學生，須一體修習本學系以外的一種外國語，計十二學分。同時，尚須修習十二學分的自然科學及數學；如修習數學，必先選讀代數及平面幾何。如修習自然科學，則須就生物學及物理學兩學門，任選一種。有關自然科學之科目，可分別由植物學、化學、昆蟲學、地質學、細菌學（微生物學）、物理學及動物學等學系選讀。此等學系所設科目，通常每週授課二至四學級小時，實驗六至八小時。依規定一般外語系學生，並須修習語言學(Speech)二或三學分。

至於外語系的專門科目，則有外國語高級會話九學分，文法及作文六學分，有關國家或地區文化或文明發展（如德語系或德語組修德國文化，法語系或法語組修法國文化等。）六學分，高級外國語或文學六學分。此等科目，須在學生顧問指導下由學生選習，而爲「主修」(Major)或「專攻」(Specialization)科目之一構成部分，其主修科目，約計二十七學分，或四八六學級小時。此外，尚須於主修領域內，修習比較文學六學分。依規定一般外語系學生，除主修科目外，並須修讀「輔修」(Minor or Secondary Specialization)科目十八學分，此等輔修科目，通例須在外語系學生顧問指導下，就地理、歷史、政治學、社會學或其他人文科學等學門中由學生自由選讀。

各種科目，於學期結束時，大都舉行考試。每一學期，每一名學生通常修習五或六種科目，因此，一名學生每一學期須參加五或六種科目之期考，每一學年即參加十或十二種科目之期考。各種科目，亦可舉行期中考試(Interim Examinations)或臨時考試，其目的在於考查學生學習進步情況，以為學業指導之依據。此項期中考試，大都指定課業範圍，其考試期間，一小時以內者居多。期終考試(Final Examinations)，通常包括一學期所授之全部課業，其考試時間，每一科目定為二或三小時。

第五節　大學的教學

各大學或獨立學院，大都自行規定學年的起訖或行事曆。一般言之，多係秋季開學，通例在九月中旬，次年六月的第一週或第二週起放暑假。大多數的學校，實行二學期 (Two eighteen-week semesters) 制，每學期十八週，並一律不設暑期班或暑期課程。其次，約有百分之十五的大學，採用四學季 (Four equal quarters) 制。倘若學生每年均連續修習四學季(包括暑期在內)的課程，即可縮短一年的學生生活。近年來採取三學期(Trimester)制的大學，亦日益普遍，每學期約有十五至十六週。自一九六〇年起，各校註冊學生人數激增，各大學為容納較多的學生，乃紛紛實行全年教育 (Year-round education)的辦法。

大多數的大學，由上午八時至下午五時，全日授課，午間亦列入授課時間內。夜間及星期六的課程，多係在職教員及部分時間的成年學生修讀。正規的教學，均在教室或研究班 (Seminar) 內進行。一般的學程，其教學時數，每學期每週三小時；有些科目，每日均在教室內授課，有的科目，每週祇在教室內授課一次或兩次。美國大學，通例採學分 (Credit hour，直譯學分時數) 制，所謂學分，乃用以度量關於每一學程達於熟練程度所需之時間，每學期每週授課或室內講述一小時為一學分，如係實驗或實習，則以二小時爲一學分。通常每一學生每年修習三十學分，依規定大學學士學位須於四年內修習一百二十至一百二十八學分。

一般美國大學教學方法，種類繁多，每因教員及科目性質而異。講演法則爲最通行之教學方法，尤其對多數學生提供事實性的教材，更屬合用。此外，較爲常用的教學方法，包括討論、示範、問題分析、個案研究、獨自研究、試驗、校外參觀旅行、分組委員會報告，以及實驗室的實驗工作。每種教學方法，在特殊或專門的領域內，均有其獨特的功效。

實驗室的實驗工作，大都用於科學及專門科目的教學。通例每週實驗一次或二次，每次二小時。有時，並帶領學生赴校外機關、工商企業機構、及教室，從事實地實習，以便增加學生實際業務的經驗。至於未來擔任教學、護理及醫學工作的學生，尙須在技能熟練的指導人員監督下，分別於學校、醫院及診所從事實際工作的實習。一般工科或商科學生，則由學校與工商企業機構協同安排各項合作計劃，期使學生在校所獲理論，得有實地應用及相互交換學習經驗之機會。

一名典型的美國大學教授，常希望學生運用若干基本的教科書，並閱讀某些指定的補充讀物。自第二次世界大戰起，一般美國大學教員對於教學器材的使用，日益普遍；由簡易打字卡到極複雜的電子教具，均有教授使用。最常用的教具，有地圖、圖表、圖畫資料及模型。在音樂及外國語教學方面，則普遍使用唱片及錄音設備。在自然科學領域內，一般教授又常用承物玻璃片、放映機及影片，作爲教學器材。至於收音機及電視，亦爲常見的教具。

第六節　大學的入學

各學院或大學，類皆分別規定入學標準，及甄選辦法。通例一名申請入學的學生，間爲聲譽較高的學校所拒絕，但却爲另一學校所接受。在美國，一名典型的申請入學院或大學的學生，必須受滿八年小學教育及四年綜合中學教育，或修滿六年小學及六年中學課程，而年約十八歲者，始具有合法資格。一般公立學院及大學，對於本州內經認可的中學（Accredited High School）畢業生，大都准其免試入學，必要時尚須審查此等中學之設置條件，是否符合認可標準。私立大學及學院，對於申請入學之中學卒業生，其甄送方法尤較公立大學繁雜。或令學生繳送高中成績單，審查其高中時代所修科目及其成績，以爲錄取之依據；或規定所有申請入學之學生，必須繳驗參與經認可之標準考試所獲各科成績，以度量中學畢業之成績水準。

有時，中學尚未卒業之學生，於通過考試後，亦可獲准入大學，此項考試，旨在測驗擬入大學之新生，在一般基本教材領域內所獲之成績。若干曾受非正式教育而有適當經驗之成年學生，往往循此路徑，申請進入大學。凡不擬攻讀學位者，卽以特別生(Special Students)或試讀生身份(Probationary Status)入學。此等學生如經證明其能力，確可獲致長足之進步時，卽取消其試讀身份，准其在正規學位課程中註册。此項入學政策，對於外國學生申請入美國大學，尤多便利；蓋此等外國學生所獲教育經驗，每與美國大學生全然不同。在成人教育學程中，亦經常採用此類入學辦法，乃因一般成年學生，志在增進其特殊領域內之知識，而不擬成爲學位的候選人。

第七節　大學的師資

美國大學教師，無形中分爲兩個界限或兩種階級，一種是大學教員，一種是獨立學院教員。前者待遇優厚，名位顯達；後者的待遇與地位，均遠不及前者。獨立學院教員要想轉就大學教席，除非具有專門的論著，或從事其他學術活動而被大學當局所垂青，否則是一件極困難的事。所以初出茅廬的教師，對於獨立學院與大學之選擇，是頗覺躊躇的。

美國大學教員的例定資格，即是取得學士學位後，再入文理科研究院繼續研究，三至六年，甚至更長的時間。年限之長短，視研究生之基礎學科已否具有充分之準備而定。研究生除照例前二年選習專門學程，或作專題研究(Seminars)外，尚須在正式教授指導下，於一、二年內每週從事六至九小時的教學實習(Practical Teaching)。實習生稱爲教生或助教(Teaching Fellows or Teaching Assistants)。隨後並得撰著論文，與參加總考。論文祇是一個小範圍的專題，其目的在證明其有無獨自研究和引用原始材料以編訂教材的能力。至於他對整個知識（學術）領域所作貢獻之大小，尚屬次要。然後再參加口試，辯論其畢業論文，及格後，始可獲得傳統的哲學博士學位。

美國大學教員，除助教外，通常分爲講師、助理教授、副教授、教授（Instructor, Assistant Professor, Associate Professor, and Professor）四個等級。後者又通稱正教授（Full Professor）。在各學院

或大學中，講師和助理教授的俸給與任期頗多差異。通常為：講師一年一聘，助理教授則為一年以上，或三、五年一聘。在一般大學中，升到副教授以後，任期就是終身的（Life Tenure）。倘在一所大學中，正副教授同為終身職，則兩者間的區別，祇是資望與俸給的等差而已。各級教員，不論其等級之高低，對於應享的權利，並無明確的界限。換言之，各級教員的權利，並未有加以分別列舉的規定。在美國，擔任終身職的教授，其年俸也大有懸殊。美國大學教授令人欣羡的除純粹之經濟報酬外，尚有一種慣例性的七年休假制（System of Sabbatical Leave）。教授每七年可休假一年，並得於一年中支半薪，或半年中支全薪。

其次，美國各大學對於教師的選聘與舊教師的升等，似乎多以出版的著作為唯一準繩。時人每以書重兩磅其值等於助理教授，書重五磅則可獵取終身教授之戲言，用以嘲笑大學教授。教學能力，品格高尚，與夫學識淵博等因素，在美國各大學選聘教師時，往往並未計及。延聘新教師的程序，通常是由系內各教授開列候選人名單，逐一甄審其論著，然後提名向教務長推薦。有時尚須向學校當局作推介之辯護。

最後，美國教授的退休制，也是值得介紹的問題。通常美國各大學教授退休的年齡為六十至七十歲，間有身體碩健者，得由學校情商留職數載，再行告退。退休的教授，稱為名譽教授（Emeritus Professor），並得領養老金至其壽終為止。養老金之總數額，視本人在其教學生涯中，就養老金制下所儲存的數額多寡而定。其通行標準為：當事人任期最後十年平均年俸之半數。在美國大學中比較通行的一種養老金制，在施行上有如下之規定：大學逐年自教員之年俸內扣除百分之五，而自本校之公款中另撥百分之五，或百分之七・五，甚至百分之十，合併另案存儲，以作爲各該教授的養老金。有些大學教授則享有一種專爲教師而設的全國性保險，執行此項計劃的機構，稱爲教師保險年金協會(Teachers Insurance and Annuity Association)。州立或市立大學的教授，通常被認爲公務人員，故其養老金制也與州或市的其他公務員養老金制相同。兼之聯邦社會安全法 (Federal Social Security Law)，最近的增補，使得各學院和大學的教職員，除原有的養老金外，尚可享受社會安全法所規定的有關學校教職員的權利。

美國一般大學教員，大都參加二個重要的全國性協會。一爲「美國大學教授協會」(The American Association of University Professors)，係維護美國大學教授個人權益的重要社團；另一爲「美國教育協會高等教育部」(Division of Higher Education of the National Education Association)，對於大學人事的專業發展，已擬定積極推進計劃。

第八節　大學的學生生活

一般言之，大學教育所耗費用，無疑極爲昂貴。就美國言，所謂費用通例分爲學生、學校及私人或團體捐贈者三方面。學生所耗費用，因學校及學生個別情況而異。大多數的美國大學及其他高等教育機關，對於校內學生的教育投資甚爲龐大，而尤以公立大學爲然。根據最近五年的統計，美國公立大學修讀學士學位的學生，所付學雜費，平均爲二百七十一美元；私立大學的學雜費，其平均數則高達一千零十六美元。凡於州內公立大學就讀之學生，如非該州籍居民，卽須繳納一種外籍居民的學雜費(Non-resident fee)，此項費用，高達本州學生所繳該項費用之一倍或二倍。公立大學之寄宿費，年約二百三十一美元，私立大學則爲三百十七美元。至於膳費，如在大學自助餐廳(University Cafe-terias)用膳，每週用膳五日，年約三百四十六美元，每週七日，年約四百二十五美元。上述各項費用，均係平均數字，實際所耗費用，各校間頗不一致。

獎學金(Scholarships)種類繁多，數目多寡不一。近年來各基金會、宗教團體、工商企業機關及私人所設之獎學金，日漸增加。美國聯邦政府亦設置若干獎學金，授與能力優長之大學生，尤以研究科學、工程及衞生等學門的學生爲優先。各大學則有校友及學友捐贈的各種小額貸金，由學生申請借貸。自一九五八年國防教育法案頒布後，聯邦政府卽竭力鼓勵大學生依法申請聯邦政府的貸金，以期順利完成大學學業。此項貸金，於畢業後由貸款學生自定償還方式，以最低利息或無息繳付之。至於所謂「服務獎學金」(Service Scholarships)則爲一種補助金(Grant-in-aid)性質，接受此項獎學金之學生，通例須爲學校服務，擔任校內各項事務。諸如充任圖書館或實驗室之助教(Student Assistants)，或在辦公室、自助餐廳及學生中心內工作，或計算試卷的分數。學生所獲工作酬金，卽用於償付肄業期間內之一切費用。

在研究院攻讀的研究生，則有領取「研究獎學金」(Fellowship)或「助教獎學金」(Assistantship)

之機會，此等獎學金，屬於助學金性質。一般成績優良之研究生，於獲得上述獎學金後，即以部分時間兼任大學本科的教學工作，或從事研究活動，同時並繼續修讀本身的學位課程或致力於研究計劃。

美國大學，例皆成立各種學生組織，協助學生發展其社會及智識才能。一般學生自治組織的影響力，各校間彼此不一。惟大多數的大學，學生不僅協助各種學生活動的行政事務，更爲若干重要之教授會及行政委員會服務。依常規，美國各大學學生自治會 (Student government) 代表，係由學生推選，而不由教授會或大學行政單位指派。同時，各大學舉辦各項活動或擬訂各種政策，學生組織亦承擔重要之任務，無疑美國大學生的影響力，與其他歐洲及拉丁美洲國家大學生的意見，具有同等的力量。

一所規模龐大的大學，常有近百種，甚至百餘種學生組織，如兄弟會 (Fraternities)、女生聯誼會 (Sororities) 及戲劇、音樂和體育等社團。尚有各種學生刊物、榮譽學會、學生顧問及指導會議。在體育運動方面，有兩種主要的體育活動：一爲校際運動 (Inter-collegiate athletics)，舉辦各大學間各項體育活動之競賽；一爲校內運動 (Intramural athletics)，通例由兄弟會、宿舍、班級或俱樂部間進行各項運動競賽。此等校內運動，屬於娛樂性質，故參加競賽之學生爲數甚多。

一般美國大學，大都備有宿舍，供一部分學生住宿，此等學生，稱爲寄宿生。彼等或住於宿舍內，或住在兄弟會或女生聯誼會供應之房屋內，此類宿舍或房屋，或建築於校園內，或位於校外，後者須經學校當局核准。

大多數的美國大學，均爲學生提供各項服務，其中包括衛生、福利及指導，一般較大的大學，大都設置一種完善的大學醫院，較小的大學，則備有診所及健康中心。校內衛生單位的護理工作，由住校護士擔任，大學校醫，或爲專任或係兼任。關於諮商及指導工作，或由曾受專業訓練的心理學家及測驗專家辦理，或指定學生前往學生顧問或教授處，接受適當的指導。無論採取何種方式，均鼓勵學生儘量向顧問或指導人員，陳述有關學業、職業或私人問題。

美國大學及獨立學院，對於外國學生之申請入學，素極歡迎。每年美國大學及學院授予外國學生的學位，多達數萬餘人。一般大學及學院，在校本部大都設有一名外國學生顧問（Foreign Student Adviser），每與其所屬職員協助外國學生，解決各種疑難，以適應新大學的環境。彼等或幫助外國學生解決食宿問題，或協助外國學生辦理註册手續、選課及銀錢的使用。此外，並指導外國學生適應大學的社會生活，進而與廣大的社區保持適當聯繫。

近年來，一般留學美國的外國學生，最大的困難，即是求學費用的籌措。依新近調查，就讀美國大學的外國學生，幾有半數均自籌經費；另外，約有四分之一靠其他私人財源維持；其餘則依賴私人組織及政府機構的補助金和奬學金。各大學並採用服務奬學金、研究奬學金、貸金及減低學費等辦法，協助此等學生解決求學費用問題。

第十章　師範教育

第一節　師範教育機關的類別

（一）師範學校

就歷史觀點言，師範學校（Normal School）在美國師範教育史上佔有重要地位。一八二三年在佛蒙特(Vermont)州境內，首先創設一所私立師範學校；至一八二九年麻薩諸塞（Massachusetts）州正式設立州立師範學校。此等學校，旨在培育初等學校教員，肄業期限例爲一學年，專業教育（Professional Education）課程所佔比率極低。目前此種師範學校大都逐漸改成師範學院，而有廢止的趨勢，但有少數地區尚設置州立、縣立或市立師範學校，且爲公共教育制度之一構成部分。其間部分私立師範學校，專司初等學校及體育教員養成之責。

（二）師範學院

美國教育學者，咸稱此等學院爲目標單純，並授予學位之機關。現今美國各州或設置師範學院(Teachers College)，或設置州立學院（State College)而以師範教育爲其施教目標之一。最初師範學院祇授予學士學位，目前大都授予碩士學位，間有少數授予博士學位者。舊有師範學校，僅負初等學校教員培育之責，現今各師範學院，尚負責訓練中等學校及特殊學校的教員；部分師範學院且養成學院及大學師資。

當今美國師範學院，有一種重大的轉變，即課程範圍擴大，而包括普通教育（General or Liberal Education）。施教目標，除養成師資外，尚使學生得有從事各種事業之準備；間有部分州立師範學院，已成爲具備多種目標之州立學院或大學。例如一九六三年馬里蘭州，即有五所州立師範學院改成文理學院，原由州教育董事會管理，今則劃歸新成立之理事會（Board of Trustees）管轄。可見原以培養師資爲宗旨的師範學院，顯有變成訓練各種專業人才的普通教育機關。

（三）教育學系

一般文理學院（Liberal Arts College）及新近設立之州立學院，通例設有教育學系（Department of Education）及心理學系。依規定，此等學院之教育或心理學系，所設教育或心理學課程，與一般師範學院相同。攻讀教育或心理學的學生，尚須從事教學實習。有的大學設置教育學系，有些大學則視師範教育爲一較大學部（Division）中某一學系的職能，類如社會科學部，或文理學部之某一學系然。

（四）教育學院

若干州立及私立大學的教育專業工作，大都集中於一種單獨設置的機構，稱爲教育學院（School or College of Education）。此等學院或招收中學畢業生，或招收受滿大學普通教育的二年級或三年級學生，甚至招收大學卒業生，在教育學院攻讀研究院的學位。例如米契根大學（University of Michigan）即為美國大學最先設置教育科目者之一，該校於一八七九年創設一種永久性的教育講座，稱為「教育科學與藝術(Science and Art of Teaching)」；迨至一九二一年改組為教育學院，與其他專門學院並立。目前一般中小學師資，大都由公私立文理學院及大學負培育之責。

第二節　師範教育機關的課程

美國師範教育認可委員會(National Council for Accreditation of Teacher Education)，曾於先理事長艾姆斯昌(W. Earl Armstrong)領導下，提出一項名為「師範教育課程」(The Teacher Education Curriculum)的報告書，對於師範教育課程，提供一種重要的信條：「師範教育的課程，須足以吸引若干意欲獲得一種良好之基本教育及一項專門職業之適當訓練的優異學生。」該報告書並提出下列幾種重要信念：(註二二)

1.所有教師應為曾受完善教育的人員；

2.課程應確定各科教師之教材範圍；

3.教師應受特殊職責的特殊訓練；

4.課程應包括一種體制完善的專業工作及實驗室經驗的教育計劃。

此等信念，須經由三類課程計劃予以培養。第一、教師為一名普通文化的解釋者，故所受訓練，須包括普通教育；第二、教師擔任某些專門科目或一般科目之教學，故須接受專門教材或一般教材之訓練；第三、教師指導學習時期的兒童，故須修讀教育及心理學科目，並從事教學實習。茲將美國一般師資養成機關的課程，依上述三類之範疇，略述如次：

（一）普通教育(General or Liberal Education)

就理論言，所謂普通教育，包括社會科學、自然及物理科學、以及人文科學。教師的工作，屬於一種廣泛的專業(Broad Profession)，並非一種狹隘的行業(Narrow Trade)。美國人以爲教師肩負年輕一代的美國人——未來的工作人員及公民的普通教育的責任。所以爲教師者，必須具備一種豐富的文化背景。

（二）專門教育(Specialized Education in Subjects, Fields, or Levels,)

依上述信條之見地言，師範生須接受未來所擬擔任某些科目之廣泛的文化及普通教育。初等學校的教師，通例接受某些年級的專門科目的訓練。惟近年來，若干州規定初等學校教師，須曾修學術性的專門科目。小型中等學校的教師，大都接受專門科目的訓練。但前述師範教育課程報告書，則建議小型中學的教師，與其受狹隘的專門科目訓練，不如接受適應未來工作需要的二種以上科目的教育。

此外尙須研習專業性的學術科目，如兒童研究、學習及教學方法論，此等科目，通例稱爲專業教育。

（三）專業教育(Professional Education)

依規定，專業教育科目通常均以學期時數（學分）計算。大部分的州，規定教員證書，至少須具備十五學分的專業教育科目；惟一般師範教育機關，所設教育科目，大都超過法定的最低限度的規定。一所典型的美國州立學院或師範學院，爲培養中學教師所設的教育及心理學科目，通例定爲二十一學期時數（學分）：（註二三）

科目	時數
教育心理學	3
美國教育	3
教學法	4
教育哲學概論	3
教學實習及特殊方法	8
共計	21

有的學院將此等專業科目，集中於最後一學年或兩學年；惟大部分的學院，則分配於前三年；亦有少數學院，集中於第五學年。

在專業教育領域內，最主要的活動，有直接觀察、兒童的個案研究、及試教。蓋此等活動，師範生可獲得與兒童直接接觸的實際經驗。美國教育學者認為「教學」(To teach) 一詞，屬於文法上的動詞，通常具有兩種直接目的：即兒童與學科。學科知識可由書本獲得，如擬獲得關於兒童的知識，必須經由參觀，三年級的見習及四年級的教學實習。

美國一般師資養成機關，咸以為職前教育階段最重要的工作，乃使師範生以教生 (Student Teacher) 身份，獲得實際教學經驗。以往對於此等教生，每以不同的名稱稱之，如實習生 (Student)、見習生(Cadet)及教學實習員(Practice Teaching)等，目前則使此等未來的教師，在技術熟練的輔導員、師範教育機關的教學實習教員或實習輔導處主任，與夫其他有關科目的教授指導下，負擔教學活動的全部責任；有時並使此等教生擔任一段長時間的工作，如中小學的直接及間接觀察，教室內的局部工作，三年級的見習 (Junior Participation) 及四年級的教學實習。

各師範教育機關，為增進師範生的實際教學經驗起見，大都使師範生在校內實驗學校(Laboratory School) 或校外中小學從事教學實習。無論在校內或校外學校實習，均儘量使實習學生擔任各種機動性的任務。一九二〇年成立的「教學實習協會」(Association for Student Teaching)，即是策劃師範生有關教學實習各項問題的全國性組織。

就普通教育、專門教育及專業教育三種課程的比例言，其排列方式，約有下列四端：

㈠將上列三種課程，各以適當比率，分配於四年修業期內。大凡目標單一之師範教育機關，沿用此種型式之課程者居多。

㈡前二年實施普通教育，後二年設置專門科目及專業科目。若干教育學院，招收受滿初級學院兩年普通教育的學生，由第三學年起，實施專門教育及專業教育。

㈢近年來五年制師範教育機關，與日俱增；據美國師範教育專業標準委員會 (Commission on Teacher Education and Professional Standards) 指陳：凡屬合格之中小學教員，至低須受五年大學教育，此種情況，日益普遍。目前若干師範教育機關，次第設置五年、六年及七年課程，最後一種包括博士學位之修讀期限在內。此等機關在課程上之排列，大率前四年實施普通教育及專門教育，第五學年全係專業科目，其中包括試教、實習，或其他方式的實際體驗。

㈣部分教育學者，以爲專業教育與普通教育分別實施，未盡妥當，而主張於五年內將上列三種課程，平行排列。

美國教育學家柯南特(James B. Conant)於其近著「美國師範教育」(The Education of American Teacher, 1963.) 一書中，提出若干改革師範教育的意見，深受美國人士的重視。渠以爲一般大學及獨立學院對於師範教育課程之設置，應有較大的自由；爲確保此項自由，必須廢止州檢定規程 (State Certification Requirements)，並削減美國師範教育全國認可委員會(National Council for Accreditation of Teacher Education)的權力，由一種官方認可機關的地位，變爲顧問機構。

柯南特認爲中小學教員資格，須具備下列四種條件：⑴獲得學院或大學學士學位；⑵曾在一種完善公共學制與學院或大學擔任實習科目之教授聯合指導下，從事有效之教學實習，並持有證明文件者；(3)持有學院或大學發給之證書（非州教育廳頒發之證書），證明持有人適於從事教學工作者；(4)新任教員於縝密之訓練和指導下，充任四年試用教員（A Four-Year Period of Probationary Service）。柯南特極力反對實施五年的教育專業訓練，認爲與其側重專業及教育課程，不如繼續實施學術性的在職教育。渠主張鼓勵師範生在研究院從事全部時間的研究，不贊成以部分時間從事研究的辦法，且此項研究，不得以增加待遇爲目的。

此外，柯南特尚有若干具體的建議：即以多種方式甄選新教師，課程應具有較大之彈性，重視普通教育，放寬檢定規程的尺度，加強教學實習，提倡全部時間的研究，與夫試用期間須有良好的管理等。

近年來美國若干地區，從事一種教師助理（Teacher aides）制度的試驗，例如米契根（Michigan）州的貝城（Bay City），即採取類如護士助理的教師助理辦法，使此等助理人員，在某些工作上協助專任教員。據貝城公立學校學務長（Superintendent of the Bay City Public Schools）的報告：良好的助理人員，不單對兒童發生興趣，且在其適當的指導下，有助於教室氣氛的和諧，及促進兒童完整人格的發展。此項助理制度之實施，旨在增加年輕師範生的教學工作經驗，其助理事項，大都偏重協助專任教員處理速記及文書事務。

另有部分地區，實行「住校實習」（Internships）制度，一如醫院之實習醫生然。實施此項制度者，以五年制師範教育機關居多。通例由師範教育機關與合作之中小學聯合實施「住校實習計劃」（Internship Plans），師範教育機關畢業生初任教員時，第一年在中小學實習一年。美國教育學者咸以為此種仕校實習制度，具有若干優點：如新任教員得以一年時間，在專任教員指導下，獲得有關教學之知識與技能；使初離校門的師範生，逐漸適應教師的生活；使新任教員得有一年之試用時期等。匹茲堡大學（University of Pittsburgh）即實施「畢業生雙軌仕校實習計劃」（Two-Track Graduate Teaching Internship Program），一為獲得教育學士學位的畢業生，另一為文理學院畢業生，此等大學畢業生，以一半時間在研究院攻讀，一半時間則在中小學從事仕校實習，期滿可獲碩士學位。其他大學或學院，亦有採取類似計劃者，此等機關並可獲得福特基金會（Ford Foundation）的經濟補助。

第三節　教師檢定

美國教育學者以為教師之需要檢定，其用意有三：⑴使兒童獲得若干能力優長、素質精良、並富有教育專業精神的教師；⑵使品德高尙、資質優異的男女青年，能獲得一種長期而滿意的教學職位；⑶使教師成為專業人員，並享有崇高之專業地位。

美國各州、託管地及屬地，均自行訂頒教育人員檢定規程，對於轄區內各公立初等學校及中等學校教員，與夫教育行政人員，依法予以檢定。惟主持檢定事宜之機構，各州不一，或為州教育董事會；或係州教育廳；或由公共教育廳（Department of Public Instruction）主管。至於經認可的私立中小學教員的檢定事宜，大部分的州，悉依公立中小學教員檢定規程辦理之。各州檢定規程內，對於檢定科目及類別之規定，彼此不一，惟便於一般中小學教師在各州間更調其職位起見，乃促使各州訂頒之檢定規定，趨向統一。因此，現今各州間檢定規程，其相似之處，每多於相異之點。一般言之，此項規程大率載明下列各事項：(1)取消臨時證書；(2)合格教員，以修滿四年專業課程並取得學士學位爲最低資格，且儘量擴展其專業教育年限爲五年；(3)至少須修滿十五學分的教育專業科目，包括教學實習在內；(4)在專業人員指導下，試用期限不得少於三年；(5)廢除常任或終身證書(Permanent or Life Certificates)；(6)檢定事宜集中辦理；(7)各州間相互承認其合格教員；(8)提高學識素養及專業能力；(9)經由認可計劃，加強師範教育機關對於教師認可及檢定的職責。

據報告，在檢定規程內，規定須受滿大學四年專業教育，並獲得學士學位，始具備新任初等學校教員檢定資格者，有四十州；除少數幾州外，新任中等學校教員，亦須具備上述資格。亞利桑那(Arizona)州、加利福尼亞(California)州及哥倫比亞區(District of Columbia)規定新任中等學校教員，須受滿五年專業及專門科目教育者，始能取得檢定教員資格。至於初等及中等學校校長，與夫學務長的檢定資格，其中二十六州規定初等學校校長，至低須獲得碩士學位；三十五州規定，獲得碩士學位者，爲中等學校校長之最低資格；四十二州規定取得碩士學位者，始合乎學務長之任用資格。

第四節　教師就業輔導

(一)就業輔導機構

在美國凡擬謀求教育及心理學兩方面的職位者，例皆經由非商業機構及商業機關或私營就業輔導處(Private Placement Bureaus)的介紹。

一般師範教育機關，通例爲其畢業生及校友的一種重要非商業就業輔導機構。此等機構，除偶而收取少許登記費外，大都辦理免費服務工作。通常指派教職員一人，專司任用機關與求職人員間的聯繫。紐約大學 (New York University) 並首先創設一種退休教職員的就業輔導機構，使該校退休教職人員，仍有繼續服務之機會。此外，州教育廳、州教育會(State Education Association)及州就業服務處(State Employment Services)，亦爲各州境內之非商業就業輔導機關。

至於商業機構，純係私營職業介紹機關，凡爲教員介紹一種職位，則由其第一年的年俸項下，扣取一定比率的佣金。其中若干商業機構，並加入美國全國教員職業介紹所協會 (National Association of Teachers' Agencies)，爲其構成份子之一。此等私營職業介紹機關，所取介紹費之多寡，悉依職務性質而異。通常除抽取一定比率的佣金外，尚須繳納登記費。

(二) 職位的任用

美國學校任用教員，通例以教員之資歷證件、學業成績、課外活動的興趣、品格、當面晤談、以及教學經驗等爲依據。間有依考試成績而定取捨者。美國教育會(American Council on Education)在卡內基基金會 (Carnegie Foundation) 協助下，經由全國教師考試委員會 (National Committee on

Teacher Examinations)舉辦一連串全國性的測驗，以尋求一種測驗教員職位候選人的客觀標準。設於新澤西州(New Jersey)普林士頓(Princeton)的教育測驗服務社(Educational Testing Service)亦經常舉辦全國教員考試(National Teacher Examination)事宜。

通例單班學校(One-teacher Schools)的教員，由地方教育董事會或縣學務長(County Superintendent of Schools)任用；如擬謀求鄉村或都市學校教員職位者，則直接向地方學務長申請，遇缺即補。凡經錄用的教員，並須參加經常的在職進修及服務指導活動，以確保教師素質之提高。

第五節　教師在職進修

(一) 在職教育的目的

美國教育研究會(National Society for The Study of Education)於一九五七年出版一種稱爲「在職教育」(In-service Education)的年刊，列舉教師在職教育的目的如次：(註二四)

1. 敦促學校制度中全體專業人員的繼續進步；
2. 彌補師資及其他專業人員養成制度的缺陷；
3. 給予特殊學校新任教員與夫擔任新職責或新科目的教員，以必要之協助。

(二) 輔導會議

美國學校行政人員協會（American Association of School Administrators）曾出版專書，說明學校始業前，每年舉行之輔導會議（Orientation Meeting），對於新教員具有下列之價值：（註一二五）

1.具有一種安全感及一種良好的專業認識；

2.對於學制中教育計劃獲得一種概括的了解；

3.獲得會晤學務長、視導人員及其他教育工作人員的機會；

4.得有機會在各種非正式的集會、午餐或飲咖啡的時間內，會晤學校工作的同事；

5.經由圖書館及教學輔助處(Instructional Aids Department)，使教師獲得若干必要的知識；

6.教學顧問人員，可利用機會提供必要的資料和協助；

7.可獲得教師提供用以協助其他同事之有關課程編制的資料；

8.對於每一特殊年級課業指定的基本教材和提示，獲得適當的認識；

9.可得到尋求專業生長(Professional Growth)機會的知識。

美國各地方學區，或中間學區單位，大都於學年始業前舉行上述會議，使新任教師，得有熟悉學校教育工作的機會。

（三）教與學的視導

完善的在職教育，常能彌補職前教育之不足；職前教育重在聽講，在職教育則於工作中學習。一般美國教育學者，咸以爲實施教師在職教育之有效方法，莫如在視導人員策劃下，設法鼓勵教師繼續努力學習，認淸學校在現代社會中所負的使命，了解學習的程序，改進教學的技能，認識行政的任務，並對評鑑方法，能作科學之運用。故教與學的視導（Supervision of Teaching and Learning）工作，實未可小視。

以往，所謂視導，祇限於直接有關室內教學之事務，現已擴展至整個之學習與教學領域。此項視導工作，例由學務長、校長、部主任、輔導員，或教員擔任。目前有一種顯著的趨勢，卽一般輔導員大都側重鼓勵教師從事自我指導（Self-direction）。大部分的輔導員或視導人員，均認爲本身所負的任務，屬於輔助者或鼓勵者（Helper or Stimulator）的地位，而非督察者或指導者（Inspector or Director）。

有的學校不稱輔導員（Supervisor），而代以「輔助教員」（Helping Teacher）的名稱。此等輔助教員，並不負擔改進教學的全部責任，祇是從旁提醒教師期能自我指導及發展。在此種情況下，輔導員並非採用放任政策，而是設法增進教師能力，鼓勵教師進步。此等輔導員，很少視察教室，重在培養教師之自我視導。彼等以爲現代的教師，應經由兒童之自動努力而從事於教學，則現代的輔導員，必經由教師之努力而從事教學之改進。因此，幹練有爲之行政人員，必須減少教員的失敗爲職志，一如熱心負責的教員，儘量防止兒童之失敗然。

（四）鼓勵教師發展的其他方法

美國新澤西州的紐瓦克州立學院(Newark State College)在一棟大樓的門口寫着：「敢於執教者，須不斷學習」(Who dares to teach must never cease to learn)。實際上，倘若缺乏學習的決心，即難決定從事教學工作；蓋一名眞正的教師，卽是終身在進修學校從事學習而不以獲取畢業文憑爲目的的部分時間學生。因此，有人謂：樂於學習者，始樂於教學。

惟有部分教員，高傲自滿，不求進步，一經謀取教員職位後，從不繼續進修。反之，亦有若干教員，由於生活清苦，工作繁重，甚至積勞成疾，雖有進修之心，却無進修之力；對於此等教員，卽須設法改善其環境，使有餘力從事進修。美國若干教育學者及教育學術團體有鑒及此，乃建議給與教師定期獎學金，期能從事旅行、進修或休養；並倡議各級學校對於連續服務滿六年或六年以上之教員，給與一年或半年時間之帶薪休假，其代課人員之薪金，由學校支付。

推廣課程與暑期研習(Extension Courses and Summer Study)，幾已成爲美國各地區促進在職教師發展或進修的兩種通行的方法。有的地方教育董事會，補助教師參加此等進修所需之學費，或負擔部分經費。美國聯邦政府並經由國家科學基金會(National Science Foundation)及聯邦教育署，支付若干數學、科學及語文教員的暑期進修費用。有些私人基金會對於經驗宏富的教員，亦給與適當的經濟補助。例如赫約翰研究獎金計劃(John Hay Fellowship Programs)，卽以金錢協助中學教員進大學從事一學年的人文科學之研究。丹福斯基金會(Danforth Foundation)，對於從事博士學位以前或博士學位以後之高深研究，均給與經濟補助；研究機關亦可獲得資助。耶魯大學(Yale University)即以一千美元的獎金，授予成績優異的中學教員。有些機構，則以經費補助初等學校教員從事進修之用。

此外，較爲盛行的在職進修方式，有學校顧問服務、示範教學及學校訪問、交換教學、推廣研究及自修、秋季會議、講習會、教學方法討論會、專業及普通文化閱覽、專業組織及會議，研究調查、廣播及電視、休假、增加待遇及頒發獎學金、教師會議、旅行、研習會及教學診斷所等。

第六節　教師福利

(一) 教師待遇

歷年以來，教師的年薪迭有增加，但平均而言，仍不及一般技術人員所得待遇之高。由於生活費用逐漸增加，教師的教育專業資格亦日益提高，故教師待遇必須增加，乃邏輯上必然之結論。

一九六三年美國教育協會全國代表大會(NEA Representative Assembly)，對於教育專業人員的待遇，曾提供下列建議：(註二六)

1. 以專業訓練、教學經驗、及專業生長(Professional Growth)爲基礎；
2. 起薪足以吸引優秀青年，投身教育專業；
3. 自任教之日起，十年內所得俸給應爲最初薪俸之一倍；嗣後，並須繼續增加其待遇；

4.教育董事會董事、教育行政人員及學校教員應密切合作；

5.教師待遇，不得因任教年級、擔任科目、住處、信仰、種族、性別、婚姻狀況、及子女多寡而有不同之規定；

6.重視教員的經驗及接受高深教育所得之學位；

7.依行政人員及其他學校工作人員所負之責任，而定俸給之比率；

8.應顧及實際的業務。

芝加哥大學(University of Chicago)前任校長赫欽斯(Robert M. Hutchins)曾謂：如無優良之教師，社會上卽難有優良之學校，但教師待遇一如苦力，足證教學專業(Teaching Profession)未受社會之重視。(註二七)

美國教師之最低俸給，非但各州不一，卽使各學區間，亦彼此互異。若干州由於教師待遇過低，乃掀起一種制定最低俸給法(Minimum-Salary Laws)的運動。美國教育協會(National Education Association)曾建議中小學教師的最低年俸，不得少於六千美元。如此，始能激勵優秀男女青年，以教學工作爲終身事業。有的學區，已將任課教員(Classroom teachers)的最高年俸定爲一萬美元以上。惟據美國教師聯合會(American Federation of Teachers)的意見，以爲中小學教師最高年俸，不得低於一萬二千元。據美國教育署報導，至一九六八——六九學年度，美國各地中小學教師平均年俸，已提高至八、二一三美元。

迄至目前爲止，美國中小學教師待遇，仍極低微。據米契根(Michigan)州的報告，學校教員及行政人員於教學之餘，兼任其他工作者，約佔中小學教員總額的百分之三十。其他各州亦有類似情形。

全國各地區，大都實施俸給表 (Salary Schedule) 制，此項制度卽顯示各地方學務委員會 (School Committee)或教育董事會，正式承認轄區內各級學校教員的待遇。一般言之，在俸給表內類皆規定起薪標準、按年增加的數額、以及依資格而異之最高俸額。實際上，決定教師在正式俸給表內所佔之地位，通例爲專業教育的年限、服務年資、所任職位及在效率量表(Efficiency Scale)上所得之考評等。就目前趨勢窺察，教育界人士大都反對依效率量表之考評而定教師俸給高低的辦法。

（二） 特殊福利

美國中小學校教員的特殊福利，遠不及一般工商企業機關工作人員所享福利之優厚。勞工同業工會的會員，可獲得全年的工資；大部分的中小學教員，雖亦享有社會安全的保障，但每年祇能領取九或十個月的薪俸。寒暑假及節日假期，雖爲教員的優惠，但寒暑假內，却不能領取薪金。惟疾病與生產，則依法可獲若干時日之休假。大部分的地區，均有教員休假 (Sabbatical Leaves) 的規定，但休假期間，能否領取薪資，因地區而異。教員如擔任暑期學校的工作，則可獲得酬金。一般教師團體，大都舉辦健康、傷害及人壽等保險計劃，凡屬各該團體的成員，均可參加；此外尙有若干教師協會，創設信用貸款公會(Credit Unions)，各該會會員，享有信用貸款的便利。

大部分的學校，均設有休息室、吸煙室、遊藝室、及體育場，供本校教職員休閒之用。有的學校尚規定飲用咖啡之公共休息時間。

依據一九五八年美國財政部(United States Treasury)訂頒法令之規定，教員一如聯邦政府納稅義務人，於暑期學校，或午後及夜間班從事進修者，得扣除所繳教育費用之稅額。退休教員，一如其他人員，其經濟收入，免繳聯邦所得稅。美國教育界人士嘗謂：就各項特殊福利言，教育界爲仿效人，並非領導者。

(三) 教師任期

教員任期法(Tenure Laws)之制定，固能保障受教者及人民之權益，更可減少教師因信仰或教學觀點不同而被解職的威脅。在此項法令未通過前，若干美國教員，常因其政治、宗教或其他信仰關係，遭受無端的解職。因此教員任期法對於保障學生與教師之學術自由，大有裨益。但此項任期法，對於能力欠佳、品德不良、或未受教育專業訓練之教員，則不予保障。

教員的任期，每因其俸給、學歷、經歷及其他因素而不同。一般言之，鄉村學校教員，其任期較短，城市學校教員之任期較長。近年來，美國中小學教員任期，日漸延長，平均任期約在十至十五年之間。

美國各州，其任用教員之權限，屬於地方學區。任用期限之長短，除非州政府具有特殊規定，否則，一般中小學教員之任期，悉由各地方學區自行決定。但所採任用方式，則須依照州政府之規定或報請州政府核准。美國中小學教員之任用，大都採用聘約(Contracts)制，其聘約通例分爲下列數種：試用期滿賡卽終身聘(Permanent Tenure after a Probationary Period)、一年聘約(Annual Contracts)繼續聘約(Continuing Contracts)及一年以上之聘約(Contracts for more than a year)等。

（四）教師退休

美國教員退休(Teacher Retirement)，最初屬於城市及地方學區的責任。嗣後，由於各州先後制定全州性的退休或養老金制度(State-wide Retirement or Pension System)，地區性的教員退休工作遂相繼停頓。一八九六年，新澤西州(New Jersey)首先創立全州性的教員退休制度條例，其餘各州，亦相繼仿行。現今美國各州除實施教員退休制度外，並多方設法增加教師的福利。一九二七年，加州教員協會委員會南部小組(Council of the California Teachers Association, Southern Section)，爲生活無着之退休教師設置退休教員之家(A Home for Retired Teachers)。其他各地協會及城市，亦有類似之設施。若干公私立中小學及大學教員，尙可獲得社會安全法案(Social Security Act)項下之退休福利。有些教師，由某一學校退休，復於另一學校或學院擔任教職。美國和平工作團(Peace Corps)卽徵求身體健康之退休教員至國外服務。美國教育協會於一九四七年成立一種附屬機構，稱爲全國退休教員協會(National Retired Teachers Association)；該會屬於非營利性暨非政治性的全國協會，爲會員辦理下列各項服務：如訂購全國退休教員協會通訊（NRTA Journal and News Bulletins）、醫藥保險、非牟利藥品及旅行服務、退休教員住宅、療養院計劃（Nursing Home Programs）以及佛羅里達州聖彼德堡（St. Petersburg, Florida）的會員醫療中心等。

教員退休計劃，非但各州不一，且學校與學區之間，亦彼此互異。一般言之，教員年滿六十歲，得申請退休；年屆七十，則強制退休。

至於退休金的來源，一面於教員服務時，每年扣除其年俸若干（通例為百分之六），一面由其任教學校繳付數目相等的款項，以供教員退休基金之需。教員退休時，所領退休金之多寡，依教員服務年資，與夫教員及學校所繳退休基金之數額而定。有的學區，並鼓勵教員參加聯邦老年、遺族及殘疾保險計劃（Federal Old-age Survivors, and Disability Insurance Program），俾於退休時，獲得適當之津貼。

第十一章　職業教育

第一節　概　述

美國職業教育的目的，在使個人獲得就業之能力。其施教對象，爲已經就業及準備就業之人民；施教方式，一面設置日間中等學校，爲準備就業之青年，實施全時職業教育；一面利用夜間及其他適當時間，爲校外就業及失業之青年和成人，實施職業補習教育。

職業教育爲美國整個教育計劃之一部分，其目的在於培養經濟、社會、情緒、生理及知識等各方面均有優異能力表現的美國公民。

美國國會並指撥基金，協助各州改進及擴充職業教育；此項經費，主要用於職業教育機關的教員、教師訓練人員、視導人員及部門主任的待遇及出差費。依據法令的規定，聯邦政府撥付職業教育基金若干元，各州或地方至少須提供相等數目的基金，充作各該地區之職業教育經費。各州職業教育董事會（State Board for Vocational Education）對所轄區內之職業教育，負有促進、發展、改良及監督之責；聯邦教育署則依聯邦行政法案之規定與各州合作，惟不負實際執行職業計劃的責任。

美國職業教育計劃，自一九一七年開始實施以來，非但經費日益增加，且接受職業教育的人員亦與日俱增。據統計，在中等學校接受日間全部時間職業教育的學生，佔職業教育受教人員總額的百分之五十，另約百分之五十，爲校外青年及成人，在部分時間及夜間班接受職業補習教育。

近年來，由於產業性質的變遷及生產方法的複雜，乃促使美國國會制定法律，確立訓練高級技術人員爲職業教育的職能之一。依此項法律之規定，聯邦政府得以經濟協助各州發展低於大學等級的地區職業教育計劃（Area Vocational Education Programs of Less-than-college-grade），培養個人使其擔任須以科學知識從事某類職業的高級技術人員。從而全國各州及屬地，紛紛擴充職業教育設施，以迎合美國技術科學發展之需求。

第二節　農業教育

㈠全日班（All-day Classes）　全日班之農業教育，類多由各地區之中學，以及縣或地方學區之職業學校辦理。招收年滿十四歲以上之青年，修業二至四年。凡採八四制的學校，修業年限，定爲四年；在四年之內，所修學程總時數，至少須滿九百小時，通常多爲一千小時。實行六三三制的學校，修業年限爲三年；在三年之內，所修學程總時數至少須滿七百五十小時。縣及地方學區的職業學校，農科學生之修業年限，定爲二年；所修全部學程總時數，不得少於一千小時。各校課程，均以實用爲主。普通科目有英語、數學、物理、化學、生物、本國史地、外國史地、音樂及體育等。專業科目有農業概論、土壤肥料、農業機械、病蟲害、家畜飼養、農家記帳、水土保持、農產品運銷、以及各種單位作業（如乳牛、食用牛、鷄、猪、玉蜀黍、大豆、果樹、及特用作物等）。

㈡日間單位班（Day-unit Classes）　此項班級，類多附設於中學。招收年滿十四歲以上之青年，修業四年。所修學程總時數，因各校情況及教學時間長短而異。通常多在四百三十小時以上。每日及每週上課時間，各校不同。通例於四年之內，每週授課二日，每日九十分鐘。

㈢青年農民班（Young Farmer Classes）　由職業學校教員擔任教學，招收業經離校年在十六至三十歲之間的青年農民，授以實用之農業知能。修業期限，因教學目標及受教者之需要而異。通例每年授課十五次，每次不得少於一百二十分鐘。授課時間，多在秋末、冬季及春初。

㈣成年農民班（Adult Farmer Classes）　此項班級，由中學及職業學校教員擔任；招收從事耕作之成年農民，授以新興農業知識，使能具有改進農事作業之技能。所開課程，以配合實際需要為主；修業期限，因所修學程性質而異。通常多在冬季授課，每年授課十次，每次不得少於一百二十分鐘。

㈤美國未來農民組織（Future Farmers of America）　此為全日班中學及職業學校農科學生之全國性組織，簡稱 F. F. A.，其目的在訓練會員之領導能力。政府及社會人士，對此組織非常重視，其在校內外一切活動，均視為農業課程之一。除校內之未來農民組織經常開會或舉辦各種活動外，各州、縣每年亦定期舉行州或縣未來農民聯合會。全國未來農民聯合會，每年舉行大會一次，一切會議活動，均有農業教育人員及工商界人士協助指導。

㈥四健會（4-H Clubs）　四健會係為英文 Head, Heart, Hands, and Health 之中文譯名，取其第一個字母，簡稱 **4-H**。其目的在以教育方法、民主方式，組訓農村男女青年，應用優良科學技術，改進農業及家事，進而發展優良品德，健全身心，使成爲自立自強之優秀公民，及農村領袖。凡農村男女青年，年在十歲至二十一歲之間，經家長同意，均可自由參加。在指導員協助下，按個人興趣、能力及會內設備，在家中或農場進行一項以上之作業，如作物、家畜及家事等；其作業之進行，均予紀錄，按月舉行作業會議，研討改進方法。目前美國四健會會員逾二百萬人，其中女會員一百十餘萬，男會員九十餘萬，全國共有八六、一九七單位，義務指導員約計二八五、〇〇〇人。

第三節　商業及配銷教育

㈠商業教育(Business Education)　商業教育，原稱商務教育(Commercial Education)，由於時代之演進及課程之改變，卒易今名。目前高初中學生，選習一門或一門以上之商業科目者，佔百分之六十。一般中學開設之商業科目，而最受學生歡迎者，有打字、簿記、商業數學及初級商業訓練（Elementary Business Training）等四種課程。此外，一般中學尚設有經濟地理、速記、售貨術(Salesmanship)、商業通訊、經濟學及商業法等科目。此類學校或班級之組織，計分三種形式：①全日學校或全日班，爲就業預備教育。②部分時間學校或班級，爲已就業者而設，多採工讀辦法，卽學生每日於其選定之職業崗位工作，抽出部分或半日時間，來校受課。其工作經驗亦可計分，列爲學校正式成績之一，期滿可獲普通中學畢業證書。③夜校或夜班，爲已就業之成人而設。所開課程，配合學生業務上之實際需要。

㈡配銷教育(Distributive Education)　聯邦政府不直接補助商業教育，祇補貼配銷教育的經費。依照喬治——巴登法案的規定，聯邦政府得以經費補助各州，使能「改進配銷職業之職業教育」。所謂配銷職業，係直接與買賣雙方均發生關係的商務工作。如零售業、批發業及商業勤務（Commercial Service）等是。由於聯邦政府補助各州之配銷職業，各州乃日益重視配銷職業之訓練。例如新澤西州之配銷教育，卽分爲下列三種形式：①夜間推廣（Evening Extension），實施配銷教育之夜校或夜間班，其目的在增進年滿十六歲以上之合法配銷商的商業技能、知識及態度。所開課程及授課時間，因受教者之需要及各科性質而異。②部分時間推廣班（Part-time Extension Classes），其目的在增進年滿十六歲以上之合法在職商人的工作能力。推廣課程，分爲下列兩組：第一、爲從事正規之配銷職業，在若干星期內祇有一週能抽出幾小時入班受課者。第二、爲從事配銷職業中之特殊業務，一次能抽出幾日時間，入班接受連續之補習教育者。③部分時間合作班（Part-time Co-operative Classes），其目的在使受教者接受配銷教育之預備訓練，期滿能獲得正式之配銷工作。凡參加此項合作班講習者，如屬合法之現職人員，在講習期間，仍可支領原職之同等待遇。

凡於中學及中學以上之學校修讀合作配銷教育(Cooperative Distributive Education)課程的學生，均可參加美國配銷教育俱樂部（Distributive Education Clubs of America），此項團體，乃一全國性之青年組織，其各項活動計劃，均在使青年得有增進其領導能力、學習動機、及相互熟識之機會。由於此一組織爲配銷教育設施之一部分，故前述之俱樂部，經常舉辦補充學習經驗之活動，使修習配銷教育之青年學生，於參加各項活動時，以獲致專業生長、公民改善(Civic Betterment)、仁愛反應(Benevolent Response)及社會適應之效益。

第四節　行業及工業教育

㈠行業推廣班(Trade Extension Classes)　此項班級，包括公共勤務及工頭訓練(Public Service and Foremanship Training)。施教方法，不以夜間學校或夜間班為限，而以適應行業、工業及公共勤務等工人之需要為主，故有日間及夜間班校之設置。其目的在於訓練工人之工作技能，灌輸技術知識，培養判斷及安全能力，使能增進其工作效率。招收年滿十六歲之合法在職工人，修業限期及課程，各地情況不一。工頭、副工頭(Sub-foreman)、部門主任(Department Head)及監工(Superintendent)訓練，所開課程，有業務分析、教學法、工頭會議、會議領袖訓練、人事問題及關係、社會法規、工業經濟、及其他有關輔導及管理科目。

㈡部分時間學校或班級(Part-time Schools or Classes)：

1行業推廣部份時間學校及班級(Trade Extension Part-time Schools and Classes)　此項學校或班級，包括藝徒訓練。其目的在增進工人運用行業及工業之技能，傳授普通工業知識，提高工業安全效能。部份時間行業推廣班，由地方學區辦理，每年授課時間，不得少於一百四十四小時。藝徒訓練班，由地方教育董事會主辦，所授課程，以實用為主，每年授課時間，亦不得少於一百四十四小時。

上述兩種班校，悉以年滿十六歲之合法在職工人爲限。

Ⅱ行業預備部份時間學校及班級(Trade Preparatory Part-time Schools and Classes)　此項班校，又分爲兩類：第一，職業預備部份時間學校及班級 (Occupational Preparatory Part-time Schools and Classes)，旨在訓練業經離校之失業、或擔任臨時僱工、及現職不稱心之青年和成人，使能獲得將來從事正當職業之實際知能。所授課程，除有關職業科目外，尙有社會及公民學科。入學年齡，規定十六歲以上；修業期限，以修滿二百小時爲準。第二、部份時間合作行業及工業班(Part-time Cooperative Trade and Industrial Classes)，旨在使在校青年利用工作經驗及學校授課機會，接受行業及職業訓練。校內授課時間，每週不得少於十五小時；校外工作經驗訓練，每週不得少於校內授課時間。凡在校學生而具有合法就業資格者，均可入班受訓。

Ⅲ普通補習學校及班級(General Continuation Schools and Classes)　有若干州，將此項班校列入義務教育範圍內。凡離校青年尙未就業者，一律入校受訓。其目的在訓練工作經驗，傳授職業知能，及培養適應社會之能力，使能成爲優良之公民。訓練期限，以實際需要及成就爲準。

㈢行業及工業學校(Trade and Industrial Schools)　此類學校，由來甚久。其目的在於訓練手藝技工 (Craftsman)。近年來爲配合工業需要，及適應工人要求，逐漸增加技術訓練科目。同時，爲使在職之熟練工人，接受職業技藝訓練，進而爲技工、技佐及中級行政人員，乃創設夜班。

㈣工業職業學校(Vocational-Industrial Schools)　此類學校，在於訓練熟練或半熟練技工(Skilled or Semi-skilled Worker)。修業年限，一至四年不等。通常自第九年級至第十二年級爲止，相當初級中學三年級，至高級中學三年級。所開課程，其中百分之五十爲工場實習 (Shop Work)、相關科目 (Related Subjects) 及普通科目，各佔百分之二十五。如每節爲六十分鐘，每週約計三十節；如每節四十五分鐘，每週約計四十節。設以每週三十節計算，工場實習佔十五節，相關科目及普通科目，各佔七、八節。相關科目包括相關數學、相關科學及相關繪圖。普通科目，有英文、歷史及其他社會科學。

㈤技藝中學 (Technical High Schools)　技藝中學，具有升學及職業訓練之雙重功能。職業訓練偏重各種技術人員之養成，如繪圖員、實驗室助手、高等技術設備管理員、技術設備之養護及修理人員、生產管理員、及技術推銷員等。修業年限，二年至五年不等，而以四年爲常。所開課程，因各校性質而異。例如紐約州一所偏重電性技術訓練的技藝中學，在四年之內，開設英文、數學、公民、化學、衛生、體育、音樂及歷史等普通科目；專業科目有工業程序、機械設計、工廠作業、機械繪圖、手工繪圖、圖書館學、物理及物理量計、電機繪圖、經濟學、發電機、電動機及電力輸送、電流學、電力建造及無線電等。

第五節　家事教育

自一九一七年史密斯——休士法案通過後，規定聯邦政府須以經費補助各州之職業教育，故各州乃將家事教育，劃歸職業教育部門。目前美國的公立中學，其中百分之九十，均設有家事課程；各高級中學的女生，選習家事課程者，佔總數的百分之六十五，男生亦有少數選習家事課程者。一般中學，大都於第九學年開始設置家事課程，其修讀期限二至四年不等。家事教育的目的，在使人類獲得圓滿之家庭生活，包括家庭經濟計劃，時間及精力之分配，人事關係之調協，以及家庭機械之使用等。因此，各校遂設置下列各家事科目：家人食物之選擇、烹飪及保存；衣物之選擇、保管及縫紉；兒童保育及指導；房屋及傢具之選購與保養；家庭設備之運用及保管；衛生保健；家人疾病之照料及急救；家庭物質管理；及家庭人事關係等。一般中學之家事教育設備，均極完善。舉凡廚房、客廳及寢室等近代化之設備，一應俱全。或在校內另闢一室，供家事教學之用；或在校地以內新建一幢家事教室。上述設備，均陳列家事教室內，供學生習作之用。各州爲向聯邦政府請領家事教育補助費，類多將家事教育計劃，詳列本州之職業教育計劃中。例如新澤西州，卽在該州職業教育計劃內，開列家事教育推行辦法。此項辦法，分爲校內及校外兩類。校內之家事教育，限由十四歲以上之中學生，選習社會科學及職業家事科的科目。校外之家事教育，分爲校外青年及成人兩組，並分別訂定教學計劃。

凡於中學修讀家事課程的青年女生，均得參加美國未來主婦協會（Future Homemakers of America），該會爲一全國性之組織，簡稱 FHA，其目的在使中學修習家事課程的女生，得有廣泛應用家事理論或原則之機會，期能獲得幸福美滿之家庭生活。目前該會擁有五十四萬餘名之會員，並於全國各州，波多黎各(Puerto Rico)及維爾京羣島(Virgin Islands)等地，設置分會一萬一千單位；其所舉辦之各項活動，視同中等學校家事課程之一部份。在家事班級中，學生固可獲得團體工作及計劃的能力，倘若經由美國未來主婦協會舉辦之各項非正式活動，彼等尤當吸取更多之團體工作的經驗。該會會員既可從事各地分會之各類設計工作，更得參與地方學區、州及全國性的會議，由此獲得與其他同好合作之經驗，共謀家庭生活之改進，並促進社區之發展，期能成爲家族生活之良好所在。由於該會之宗旨，側重家庭福利之增進，故各地方分會大都聯合其他組織舉辦各種社區設計，俾使各年齡階段的婦女，均有參加的興趣。在校修習家事課程的學生，因參與該會各項活動，乃獲得更多貢獻於學校及社區的機會，進而確認優良家庭主婦即爲國家之良善公民，且主婦之日常工作，尤爲社區幸福所必需。

第六節　地區職業教育

歷年以來，美國較大之社區，大都爲本地公民提供職業教育服務。最近由於大量需要具有實用技能和技術知識的工人，於是在一般小型社區及鄉村，普遍實施職業教育，期使當地居民，得有學習職業知能的機會。爲適應此種需要，以地區爲基礎的職業教育，遂日益發展。若干地方學區，並聯合辦理各項職業教育活動，使所轄區內的學生、工人及工商企業機關，均能獲得實際的效益。此等學區，除聯合辦理職業教育外，並以合作方式，發展中等教育及中學以上學校教育計劃，亦有共同建立技藝專科學校(Technical Institutes)及初級學院區者。惟州立職業學校(State-operated Vocational Schools)其服務對象，則不以地方學區之疆界為限。

地區職業教育之基本信念有二：(1)全國青年及成人，須一體具有接受職業訓練的適當機會；(2)適當與同等機會之職業訓練，最能切合國家之利益。

地區職業教育課程，通例分為兩類，並由同一機關設置之。第一類稱為推廣班或補習班(Extension or Supplementary Courses)，為各種職業從業人員提供進修訓練之機會；舉凡技術員、職工、熟練技工、學徒、農業工人、家庭主婦及商業人員，均可在適當之班級肄業。第二類稱為預備班(Preparatory Courses)，為行將就業之人員從事職業之預備，其施教範圍，包括農業、商業、行業及工業、以及家事等。

在上述兩類課程中，均設置普通教育課程，並佔全體課程中極重要的地位，其目的在於培養一般職業從業人員之合理態度，領導能力及有效公民之資格。

此類學校，大都設於交通便利的地區，期能對大多數之人民，提供最高之服務。惟因學校數目有限，遠道學生每日往返勢必購置長期車票，於是，有些學校乃為遠道學生設置宿舍，以免每日往返之苦。

自一九五八年之法律實施後，對於地區技術訓練工作之推行，尤為積極。其主要目的，在於增加熟練技工，並提高熟練技術人員的素質，以適應美國經濟變遷及高度技術科學之需要。近年來各地區間註冊人數最多，服務範圍最廣者，以成人推廣班居首。

各州所設之職業學校及其服務範圍之廣狹，彼此不一。通例爲：⑴州立或州與社區聯合設立之中學等級的職業學校，對廣大之地區服務；⑵州立或州與社區聯合設立之高於中學等級的技藝學科學校，對廣大之地區服務；⑶職業學校爲學區內某一地區之居民服務；⑷縣立職業學校（County Vocational Schools）爲全縣居民服務；⑸初級或社區學院（Community Colleges）對某一社區或廣大之地區服務。有些地區職業教育計劃，常爲一所綜合中學計劃之一部份。

美國地區職業教育（Area Vocational Education），並非新近之設施。惟近年來由於地區計劃之發展，乃促使此項教育活動之急劇增加。且因人口生長之迅速，生活水準之提高，國家及國際活動之頻繁，與夫科學及機械之發展，遂使美國需用曾受專業訓練之技術工人，在數量上大爲增加。此等工人必須具備操作技能及技術知識，於是各地當局爲適應技術工人之實際需要，乃普遍實施地區職業教育。

第七節　職業教育法案

美國國會於一九六三年通過「職業教育法案」（Vocational Education Act），計分兩部份：一爲長久計劃（The Permanent Program），一爲四年計劃（Four-year Program）。長久計劃中，包括設置職業學校、實施職業教育、訓練師資、編印教材、實驗研究等。其經費預算，一九六三——六四年度，爲六千萬美元；一九六四——六五年度，一億一千八百五十萬美元；一九六五——六六年度，一億七千七百五十萬美元；一九六六——六七年度以後，每年二億二千五百萬美元。四年計劃中，包括實施半工半讀的職業教育，建立寄宿制的職業學校等。其經費預算，一九六四——六五年度，爲美金三千萬元；一九六五——六六年度，五千萬元；一九六六——六七年度，三千五百萬元；一九六七——六八年度，三千五百萬元。茲將此項計劃之內容，略述如後：

（一）長久計劃

長期職業教育發展計劃之內容要點如下：

1.分區設置職業學校　各州分區設置職業學校，由聯邦政府補助其開辦費。此等學校分爲四類：⑴特殊性的中學；⑵中學內設有五種職業課程的職業科；⑶職業學校或技術學校；⑷初級或社區學院設置職業課程。後二種學校，以招收已離校之中學生爲原則，施以職業訓練。聯邦政府的補助費，得用以建築校舍及教室，擴充及修繕舊校舍等。

2.對四種人員實施職業教育　本計劃以下列四種人員爲對象：⑴正在中學就學的學生；⑵已畢業或已離校之中學生，惟仍須繼續求學，以便就業者；⑶已就業之粗工但須接受技術訓練者；⑷由於學業成績欠佳，經濟情況不良，以致無法接受職業教育者。就中對於第二類人員之職業訓練，尤須重視，以減少青年之失業。

3.其他措施　除設置職業學校外，聯邦政府的補助費得用於下列活動：(1)培養職業教育師資；(2)輔導教師教學活動；(3)視察各地實施情況；(4)舉辦職業教育實驗；(5)編制職業科目教材；(6)改進州教育廳的行政及視導工作。每年應以百分之三的經費，用於上列各項活動，以謀職業教育之改進。

4.研究與訓練　聯邦教育署每年保留百分之十的經費，用於研究、實驗，及設計新的職業教育計劃，以適應落後地區青年的需要。教育署亦得委託大學或學院、公私立機關、州教育董事會及地方教育行政機關，從事此類研究及實驗工作，而以所保留之經費補助之。

（二）四年計劃

四年教育計劃，分為兩部份：一為採用半工半讀的方式，使青年得以繼續學業；另一則採用寄宿學校方式，使青年接受職業教育。

1.半工半讀的辦法　凡家境清寒之學生，得由地方教育當局或公共機關設法安排，予以半工半讀的機會。其條件如下：(1)須為正式生，且學業成績優良者；(2)家境清寒；(3)年在十五至二十歲之間；(4)具備某種職業所需之能力；(5)每週工作不超過十五小時；(6)月薪不超過四十五美元，每年不超過三百五十美元；遠道學生月薪不超過六十美元，每年不超過五百美元。此項補助費，由地方教育當局就聯邦政府指撥經費項下支付之。

2.寄宿學校的辦法　本辦法係試辦性質，籌設備有宿舍及供膳設備之職業學校，招收十五至二十歲的青年，施以職業訓練。舉凡建校經費、經常費、學生膳食費，概由聯邦政府之基金項下支付。聯邦政府亦得委託大學、州教育董事會、及公共教育機關等，辦理此類學校。凡屬失學失業青年較多之都市，得優先設置此類學校。如因事實需要，此等學校亦得招收通學生。

第十二章　社會教育

第一節　美國出版及播音事業的發展

（一）報紙與雜誌

依據美國官方的統計，美國人民識字的，佔全國人口總額的百分之九十九。供應此等識字人民所需之精神食糧，其數字之大，史無前例。據一九六六年調查，美國有晨報四百七十二種，晚報二千六百九十二種，發行於一千五百餘城市，每日印行八千七百萬份。如每份報紙供二、三個人閱覽，則每日閱讀報紙之人數，當在一億數千萬人。

至於美國雜誌的種類及讀者人數，不易獲得可靠之統計。據伊恩斯（Marris Ernst）報導，定期刊物約有七百餘種，每期發行數量，約爲一億四千餘萬份。又據一九六六年出版之「報紙雜誌目錄」(N. W. Ayer and Sons: Directory of Newspapers and Periodicals)的記載，有定期刊物（包括季刊、月刊及日刊等，報紙除外）八千七百一十八種；美國有二十餘種大雜誌，每種雜誌每期印行二百萬份以上；此二十餘種雜誌發行的數量，佔所有雜誌發行總額的二分之一。例如生活雜誌(Life)每期發行五百萬份以上；讀者文摘(Reader's Digest)國內版每期發行一千萬份以上，國外版每期發行七百七十八萬五千份。有人以爲期刊的力量較報紙爲大，事實並非如此。拉斯費爾(Paul Lazarsfield)即說：

「報紙較雜誌更爲深入民間。」據拉氏的調查，在平民中，祇有百分之六未讀報紙，而有百分之三十二未看雜誌。六十五歲以上的人，祇有百分之五未讀報紙，而有百分之三十三未讀雜誌。現在美國若干雜誌，不但發行國內版，而且印行國際版，其影響及於世界各地。故美國的雜誌，在種類及發行數量上，顯已日漸增加。

（二）書　籍

在一九六〇年，有三百九十五家出版商，印行一萬九千八百七十六種書籍，總值七億三千萬美元。一九四〇年印行一萬一千三百二十八種書籍。一九四七年售出四億八千七百萬册書籍（小册子不在內），總值四億三千五百萬美元。上述書籍中包括廉價的袖珍本書籍五千餘萬册。此等袖珍書籍，爲近代各國大量印書之一方法。

（三）電影與播音

美國現有電影院近三萬所，能容納觀衆約二千萬人左右。於電視尙未發達前，每週看電影的觀衆約有一億餘人。電視發達以後，各電影院的顧客，即日漸減少。據一九六六年統計，全國約有電視電台五千五百三十四所，有電視機五千三百萬架，全美家庭約有百分之九十備有電視機。

至於播音，有人以爲電視出現以後，廣播電台將受到陶汰，事實上並不如此。目前美國家庭幾乎每家均備有收音機，換言之，全國約有六千三百萬家庭備有收音機，收聽廣播節目的聽衆，約有一億七千五百萬人。

總之，目前美國各地人民，均可由報章、雜誌、電影、電視、及播音等各方面，獲得知識和教育。美國一千餘市鎮中，到處均有報紙雜誌，也有電報和電話，祇有極少數地區，未設電影院。全國各地均可收聽播音節目，大多數地區皆可收看電視節目。此等社會事業固可予民眾以良好之知識，對於民眾亦有不良的影響，因此吾人對於此等社會事業所具有之教育力量，未可忽視。

第二節　報紙、電影、及播音的內容

（一）美國人民的讀物

㈠書籍：據調查，一九四一年以後，美國由於戰事的影響，出版事業大受限制。至一九五一年起，各種新書又紛紛出現。據一九六六年統計，各類書籍（包括小說、青年讀物、宗教、科學、傳記、文藝、歷史、法律、教育、商業、家事及音樂等二十四類）共計二萬二千六百八十一種。根據此種統計資料，吾人可得而言者，有下列數端：①約有三分之一的書籍，屬於小說類。此等小說是否具有教育價值，姑且不論，但吾人可以窺知美國人民閱讀小說的興趣，是何等強烈。②美術、歷史及遊記之類的書籍，其數量與商業、教育、法律之類的書籍相近。③就出版書籍的數量及種類觀之，可知其範圍極為廣泛。

㈡報紙：美國著名新聞學者莫特（Frank Luther Mott），認為年來報紙的內容，各欄的分配比例，大都無變化。但依據近三十年來美國十種報紙各欄分配比例的趨勢觀之，可獲致下列幾點結論：①國際新聞和連環圖畫的篇幅增加，前者由於國際關係日益密切，後者乃因報紙具有娛樂性質。②社論的篇幅減少，蓋因報紙篇幅擴大，而社論之篇幅並未增加。

(二) 美國人民的聽覺活動

美國現有一億五千萬架收音機，五千餘萬架電視機，三萬所電影院。播音事業擁有一億七千餘萬聽衆，因而成爲傳佈思想的有力工具。玆將廣播的節目，聽衆收聽播音所費的時間，及聽衆樂於收聽的節目，約略言之：

㈠電台播送的節目及聽衆收聽的時間：美國各廣播電台播送的節目，每日約有二萬五千餘種。至於各種節目的聽衆，究有若干，難有正確的統計。據賀浦及克魯斯萊(Hooper and Crosley)的調查，在一九四一年十二月八日收聽羅斯福總統講演的聽衆，約有二千二百萬人；一九四五年五月八日德國投降的消息，以及一九四五年八月十四日日本投降的消息，收聽者共約二千一百萬戶，約計聽衆八千萬人，佔可收聽者的百分之六十三。平日夏季收聽的人數較少，約爲百分之十五；冬季收聽的人數較多，約爲百分之三十三。樂於收聽日間節目的聽衆，約有百分之五，樂於收聽夜間節目者，約有百分之九。在晚間收聽一至三小時者，約有百分之四十九的聽衆，每晚收聽四小時以上者，約有百分之二十四的聽衆。由於收聽播音節目的人數衆多，其廣播事業的重要性，可以想見。

㈡聽衆樂於收聽的節目：每年播送的節目，約有七百五十萬種，其中大部份的節目，屬於娛樂性質。據美國廣播學會的報告，用於教育節目（如通俗講演，問題討論，科學報告，農業報告等）的時間，祇有百分之四。

晚間爲最適於播音的時間。約有百分之二十五的時間，用於廣播話劇；百分之二十五的時間，用於表演節目，如喜劇、音樂等；百分之十五的時間，用於報告新聞和時事評論；百分之十的時間，用於時代音樂、古典音樂、兒童節目、及教育節目等。

如就日夜和夜間的全部播音節目而言，教育節目所佔的時間，仍佔末位。約有百分之七十的時間，用於音樂，其中時代音樂節目尤佔絕大部份。商業消息和廣告的時間，約佔百分之四十。美國民主主義一書的作者，拉斯基(Harold Laski)曾謂：「研究各電台的播音節目，可以發現一種固定的型式。例如兒童節目、交響樂隊演奏、重要國際人物演講（如美國總統、英國首相等）、重要新聞（如聯合國開會）、爵士音樂等，均爲全國聽衆所歡迎。商業節目，每次約爲十五分鐘；而且大部份排在午後六時及十時，晚間九時至十時，尤爲商業廣告所爭取的時間。不過上午十一時至十二時，下午三時至四時，亦爲聽衆最多的時間；蓋因此一時間，有百分之四十的節目，屬於商業廣告性質。

「我曾經用一個月的時間，分析紐約市各廣播電台的節目，爵士音樂佔第一位；其次爲喜劇音樂；運動消息和特寫佔第六位；新聞報告佔第七位；廣播劇佔第十一位；宗教節目佔第十五位；而烹飪和家事常識，佔第十四位；政治問題討論佔第二十一位；約佔全國節目時間的百分之一。最後一項爲政治演說，佔全部節目時間的百分之〇・五」。

至於聽衆對於廣播的意見，百分之二十六的聽衆，將收聽播音純粹當作娛樂；百分之五十二的聽衆，將收聽播音當作娛樂和教育；另有百分之二十的聽衆，希望增加嚴肅的節目。至於聽衆樂於收聽的節目，據調查，百分之七十樂於收聽新聞報告，百分之五十樂於收聽廣播喜劇，百分之四十樂於收聽公共問題的討論，百分之三十樂於收聽古典音樂。一般廣播電台所安排的節目，是否顧及聽衆的興趣和需要，值得研究。

（三）美國人民的視覺活動

㈠電影：關於美國電影的內容，迄無大規模之調查。一九三〇年美國人德尼（Edgar Dale）曾分析影片五百種，發現其中百分之二十九以戀愛爲中心題材；百分之二十七以描繪犯罪行爲爲主；百分之十六屬於喜劇；百分之十五有關性的問題；百分之五爲戰爭片子；百分之二屬於歷史劇。拉斯基（Harold Laski）認爲一九四〇年的情形，與一九三〇年無異。最近鍾斯（Dorothy B. Jones）調查一百部於一九四一年四月至一九四二年二月各電影院放映的影片，代表七個公司的出品。依照主要題材，將一百部影片，分爲下列各類：

種類	片數	種類	片數
浪漫事蹟	15	西部武打	4

現代政治社會問題	14	兒　童	4
一般社會政治及經濟問題	12	歷史傳記	4
音　樂	12	滑稽喜劇	4
浪漫喜劇	9	幻　想	3
神秘、謀殺	9	其　他	3
盜刼、酗酒	7	總　計	100

綜觀上表，浪漫片雖佔首位，但關於社會政治經濟的影片，數量激增，值得注意。謀殺和盜刼片佔百分之十六；而德尼調查的結果，犯罪事蹟片佔百分之二十七。鍾斯與德尼分類之標準或有不同，但一九四〇年的情形顯有改變。

鍾斯調查，較爲深入。渠發現此一百部影片，其中主要人物有一八八人，祇有六十二人爲女性。在劇情中，此等主要人物飾富有者，佔百分之四十六；飾中產階級者，佔百分之三十三；飾貧民者佔百分之十七。劇中五分之四的男女主角爲美國人。

根據上述分析，吾人可知美國的影片，就內容言，有三種趨勢：①描述社會問題的片子，日益爲觀衆所愛好；②劇情仍以人物爲中心；③財富之多寡，仍爲吸引觀衆之主要人物。

其次，有人調查劇中人物的需要，可別爲三類：需要「安全」，需要「收入」，需要受人「尊敬」。如詳加分析，則有下述之結果：

①百分之六十八點一的主要人物需要愛；
②百分之二十六點一的主要人物需要名譽或聲望；
③百分之十五點九的主要人物需要安全（健康或生命的安全）；
④百分之十三點八的主要人物需要一種「生活方式」；
⑤百分之九點六的主要人物需要金錢或貨物；
⑥百分之九的主要人物需要「權利」或「盡職」。

此一調查之結果稱：百分之六十一的劇中人物，沈迷於慾望；百分之十的人物，其慾望被剝奪；百分之十五的人物，其慾望可得到部份的滿足，惟拒絕接受。

依據上述之調查，吾人以爲美國影片的知識水準和審美標準，未能令人滿意。一般影片的內容，缺乏靈感和想像，墨守成規而乏創造精神。同時，尙可窺知美國影片的內容，偏重男女間愛的關係，及個人英雄式的榮譽。近年來對於歷史人物及科學幻想的描繪，亦爲美國製片人所重視。

㈡電視　關於電視的功過，美國人士各說不一。惟電視節目的內容，尙未超過廣播節目的水準，似爲一般的見解。美國伊利諾大學（University of Illinois）研究員施密斯（Dallas W. Smythe）曾就電視節目加以分析，作下列之說明：「我等曾觀察紐約市七所電台的電視節目，達一週之久。每日由始至終，毫未間斷。如將七所電台的所有節目，視作百分之一百，則有百分之二十五的節目，屬於各種戲劇，包括家庭劇、犯罪劇、武打劇、喜劇、浪漫劇、及音樂等。」「第二類爲雜耍，佔百分之十四。

其次爲兒童節目，包括傀儡戲、卡通片、猜謎、武打、講故事、雜耍等，佔百分之十二。運動和家事節目，佔百分之十。」

「新聞報告，衹佔百分之五；公共問題討論，佔百分之二；公共事件，佔百分之一；各種常識介紹，佔百分之三；宗教節目，佔百分之一。」

根據此一數字的報導，足以引起教育家的深思。教育家及電視事業家，應多注意國民文化水準，促進國民心理健康，培養國民道德行爲，而未可一味迎合觀衆心理，增加電台收益。爲父母者亦須指導兒童，選擇電視節目，以便收到良好之效果。

第三節　報紙、電影及播音的管理

(一) 報紙

依據美國出版自由委員會 (Commission on Freedom of the Press) 的調查，全國各都市中，衹有一一七市內有兩種以上的報紙。若干大都市，如紐約、波士頓、芝加哥、舊金山等，有三、四種日報；而多數城市，衹有一種報紙。而且一地有兩家報紙，彼此間並無競爭現象，也不發表相反的意見，蓋此二種報紙，可能屬於同一公司。有十州的都市內，尚無兩家相互競爭的報紙。全國各地，百分之九十的城市衹有一家報社；百分之四十的日報，缺乏競爭的對手。此外，在一九〇九年全國共有報紙二千六百種；至一九五〇年左右，衹有一千八百五十種。可見美國的新聞事業，日漸集中。小規模的事業，逐漸合併於大規模的事業中，其中尤以報紙事業爲然。

美國有三大新聞通訊社，卽合衆社、美聯社、及國際新聞社。百分之九十五的英文日報，均由此三大通訊社供應新聞資料。此外，美國尙有一種報紙聯營的方式，例如西部報紙聯營公司，芝加哥論壇報和紐約每日新聞的合作經營。此項聯營，包括供應照片、社論、專欄、連環圖畫、猜謎遊戲等，對於報紙內容的控制，較之其他方式尤爲澈底。

美國報紙事業集中的趨勢，可由發行方面窺知。發行方面每採連瑣商店的方式，卽設一總店，在各地設分店，受總店之支配。一九三五年全國共有報業連瑣公司六十三個單位；一九四五年增至七十六個單位。赫斯特系(Hearst)報業公司，及霍華德系 (Scripps-Howard) 報業公司，卽爲報業連瑣公司中之最著名者。此等報業連瑣公司，控制全國報紙發行量的百分之五十四。其中有十四家報業連瑣公司，控制全國日報發行量的百分之二十五。

（二）雜誌、播音及電影

㈠雜誌　據美國出版自由委員會報告：「三十年前，婦女雜誌，種類甚多，計若兩打之數。其後逐漸減少，祇有六種雜誌擴大其發行範圍。目前此六種雜誌的發行量，佔所有婦女雜誌發行總量的百分之九十。」

㈡播音　就無線電播音而言，全國分爲若干播音網，附設一千餘地方電台。全國無線電台，有三分之一屬於報社；各地方電台，有十分之一由本地報社經營。

㈢電影　就電影言，全國有八家電影公司所出產的影片，佔全部影片的百分之八十五，且控制發行業務的大部份。

(三) 書　籍

美國書籍出版事業，其集中之趨勢，不若報紙雜誌之甚，彼此間之競爭較爲激烈。據上述委員會調查，美國境內時有新興出版公司成立，一九五五——六〇年間，全國計有二百餘家大書局，所出版的書籍，佔全部書籍的百分之九十。就目前的趨勢觀之，仍有集中的趨勢，蓋全國四分之一以上的書籍，均爲十大書局所出版者。

(四) 出版事業的資金問題

美國殖民時代，富蘭克林 (Benjamin Franklin) 在費城 (Philadelphia) 辦理報紙，其所需之資金祇有二、三百英磅。但今天的情形，則大不相同。如擬在城市辦理一種日報，至少需要五百萬美元到一千萬美元。在小鎮上辦報，祇需二萬五千元至十萬美元。一所無線電台，曾經以一百萬美元售出。因此，擁有鉅資而從事出版事業者，爲數不多。此爲造成出版事業集中的原因之一。

綜上以觀，可知美國出版事業的發展，具有下列兩種趨勢：①報紙雜誌等出版事業，由於創辦所需資金頗鉅，原有較小單位，日漸歸併，新近成立之龐大出版機關，尤屬罕見。因此美國有識之士，咸以爲多數人的言論自由之權，將爲少數人所操縱，尤當政治意見衝突時，更易顯現。故主張各出版事業，應富於責任感，充分表達各地人民的不同意見。因爲容納不同之意見，相互觀摩，相互辯難，始可促成社會的進步。②一般出版事業，多以營利爲目的，對於出版品之教育價值，每多忽視。其中尤以電視及電影爲然。美國不良少年之多，或受其影響也。

(五) 出版事業與學校教育的關係

今日之學校，不復單在知識之灌輸，而須注意培養學生之領悟力、理解力、及判斷力。今日學校之任務，在於指導學生運用其生活環境中之事物和知識，自行解決問題。故今日之學校，須注重求知之自由，鼓勵學生自己分析資料、估評資料，並自作結論。

其次，學校對於報紙、雜誌、電影、電視及播音等事業，亦負有督促責任。一般學校當局，應聯合學生之家庭，設法提高此等出版品的水準。如播音節目、電影片、或電視節目的內容，有害於兒童行爲和社會道德，學校得建議改善。由於休閒時間漸多，一般社會人士，接觸電影、電視、廣播及報紙之時間亦日漸增加，於是學校教育機關，督導改善此等事業內容的責任，便逐漸重大。美國的學校，非但成爲防止此等事業發生不良影響的第一道防線，且爲提高社會文化水準的主要力量。

第四節　商業組織與教育

（一）商業組織與教育事業的關係

甲、商業組織對於社會教育事業的影響

關於商業組織對於新聞、電影及播音事業之支配權的關係，乃爲教育上之一重大問題。吾人雖不能明確指出，究有若干出版事業，受商業組織的支配，惟吾人却可說明某一廣播電台或某一報紙，屬於某一公司或某一商業組織。可是吾人却不能斷定此一電台或報舘，即爲此一公司或商業組織之傳聲筒。因此，吾人如欲以統計數字表示若干社教事業受商業組織之支配，實非易事。惟社教事業之受商業組織的影響，則可斷言。此二者間之關係，可就下列三端言之：

㈠播音、電視、報紙、及雜誌等事業之經費，有賴於商業廣告的收益：——廣告推銷員的觀點，足以左右編輯和播音員的工作方針。如廣告成爲發表私人意見的工具，則出版自由，將受威脅。

㈡某些出版事業的管理權或所有權，操於有關工商業機構：——美國有兩大播音網，和無線電器材行及唱機工廠間，具有密切的關係。造紙廠和報社、雜誌社，亦有不可分割之關係。

㈢若干雜誌或廣播電台，係由某些商業機關所經營：——例如美國著名的百貨公司、汽車經銷行、旅舘及報舘等，每多自行經營播音及電視事業。

乙、商業組織與地方教育董事會的關係

美國教育學家康滋(George S. Counts)於一九二六年曾經調查州、縣、市、地方學區，以及州立大學等各級教育董事會，計一、六五四單位。其中鄉學區九七四單位；市學區五三二單位。其調查結果，有三點值得注意：

第一、全國各級教育董事會的董事，其中女性僅佔百分之十點二。析而言之，鄉學區的女性董事，佔百分之六點二，市學區佔百分之十四點三。

第二、在此等女性董事人選中，家庭主婦佔百分之七十五，其餘百分之二十五的女董事，大都從事教學及社會工作。

第三、男性董事，其中百分之三十爲農民，百分之二十九從事專門職業，百分之二十一爲有產階級(包括銀行家、經紀人、工廠老闆等)。

一九五八年美國教育協會調查美國鄉學區教育董事會一、六〇八單位。市學區教育董事會一、四六〇單位。其調查結果，有三點值得注意：

第一、十位董事中，祇有一人爲女性。鄉區女董事，尤較市區女董事爲少。人口在十萬以上之市學區，其女性董事佔百分之十八；縣及鎮學區，女性董事佔百分之四；鄉學區的女董事佔百分之九。

第二、全體女董事佔董事人數總額的百分之十，其中家庭主婦佔百分之七，擔任各種不同之職業者，佔百分之三。

第三、就全國各地方教育董事會之董事言，有產階級佔百分之二十八，百分之二十七爲農民，百分之十五屬於專門職業，百分之七爲家庭主婦。

如將上述二種調查，加以比較，可知女性董事，在人數上未曾增加；除鄉學區外，各地之教育董事會，其董事人選屬於商業及專門職業者，大爲增加，幾佔董事總額的二分之一以上。勞工、文書人員、及家庭主婦等人數的比例，保持不變。鄉區董事，農民佔絕大多數。惟近年來，農民董事有逐漸減少之趨勢。

總之，商業人員在美國教育行政事務方面，佔有極重要的地位。如將家庭主婦、管理員、及經理等包括在內，則董事人選屬於商界者，約佔百分之二十八到百分之四十。美國各地的教育政策，每由商業立場決定，採取商業管理方式，其原因卽在此。不特此也，美國一般學校，類多操於少數富有階級手中，彼等憑藉其社會地位，反對作積極之改進。可見商業人士對於美國教育事業影響之大。

(二) 商業機構的教育事業

一般商業組織支配教育事業的方式，約有三種：①商業機關需要繼續培養商業人員，於是一面訓練新的從業人員，一面予現職人員以技術性及專業性之補習教育。②民主社會中之商業團體，一如其他社會組織，有權向人民說明商業情況，並指導人民接受某種觀點或拒絕某種觀點。③商業人士對於美國公私立學校，均表關切。近年來，對於教育上之若干重要問題，皆曾表示意見。

上述三種教育活動，大都採用二種方式實施：第一、由各個商業機構，辦理此等教育事業。第

二、由全國性的商會，辦理此等教育事業。此諸商會，其中有四種商會，對於經濟及公共事業，具有極大影響。第一、爲各地區及各城市之職工會，例如碼頭職工協會、零售商聯合會等。第二、爲各州之製造商協會，各州商業協會等。第三、爲全國性的工商業團體，如美國鐵路公會、美國食品業公會、美國鋼鐵業公會等。第四、全國性的工商業聯合會，如美國工業協會、美國總商會等。

甲、一般商業機構舉辦的教育活動

㈠工商業的教育活動　一般商業公司舉辦教育活動，其目的在於訓練本公司的職員，尤其注重技工的訓練，如機器管理員、門市部店員、及貨車駕駛員等。此種職業教育，其內容除側重職業技能訓練外，尚須實施普通文化陶冶，如本公司所重視之對人對事的態度，以及人生哲學等。例如美國福特汽車公司舉辦的職工訓練班，卽實施技術性及學術性的教育。近幾十年來，美國各大公司尙辦理大學程度的訓練班。例如通用汽車公司、國際貿易公司等，均設有大學程度的補習班，訓練低級管理員、經理、及高級文書人員等。其課程內容，不以職業技能爲限，尙包括歷史、經濟、政治及社會等學科。

㈡廣告的教育作用　商業廣告，爲美國商業之特產，用以銷售商品或介紹服務事業。第二次世界大戰以後，美國商業廣告採用間接的宣傳方法，卽是予顧客以一種觀念的或哲學的指導。姑無論直接或間接的宣傳，均具有教育作用。例如某一銀行或保險公司，在報紙或雜誌上，刋登廣告，其內容不屬於財務事項，而爲關於道德和政治問題；又如某一大工業家，在廣播節目中，揷入一段關於人生哲學的談話。凡此諸端，均爲一般商業機關，於利用報紙、雜誌及廣播電台推銷貨物時，附帶從事社會教育工作。

此外，各商業團體或公司，尙有教育性的推廣活動。例如出版各種資料，供民衆閱覽。有的資料專供學校教學之用，如電影片、小冊子、模型、掛圖、表解、幻燈片、及詼諧讀物等。又如石油公司製造一部有關石油地質學和煉油方法的影片，電力公司編製一套森林與水土保持的幻燈片等是。此等資料免費供應學校及民衆團體。

㈢工商業與公共教育的關係　美國各工商業團體，對於教育政策，如有所主張，卽由全國性的工商業協會，代表發言。工商界的領袖，對於教育政策的主張，則往往以個人的意見發表，而不代表其公司或機構。

乙、工商業團體與教育

美國工業協會及美國總商會，爲美國最大的工商業團體。由於會員人數衆多，對於社會及教育均有極大的影響。此二大團體，經常發行會刊和研究報告，舉行會議等，使一般會員了解美國工商業的新發展。有時尙負責增進會員對於經濟問題的了解或促使會員對於某一基本政策的問題，達成一致的意見。此二大團體，更負責爲全國學校的職業教育，擬訂詳細計劃。美國工業協會，尙發行若干小冊子、幻燈片、以及其他教材，供各地學校教學之用；且編印研究報告，調查統計等，供各報紙雜誌及民衆之用。

以往二十年來，美國總商會，對於教育問題，發表不少的意見。例如總商會對於聯邦政府補助各州教育經費的政策，卽表反對。該會主張州及地方教育經費，當自行設法增加。

第五節　勞工組織與教育

（一）勞工團體的會員教育

㈠出版刊物——近年來美國一般勞工團體，爲聯絡會員情感，增進會員知識起見，每發行刊物，舉行會議，藉以實施會員教育。例如美國勞工聯盟(A.F.L.)的會刊，工商組織委員會 (C.I.O.) 的工組新聞，礦冶工會的美國礦工雜誌等，均富有教育意味。

㈡勞工學校——美國著名的勞工團體，如美國勞工聯盟的勞工教育局，工商組織委員會的教育組，以及其他國際勞工團體，大都舉辦各種短期性的訓練班，如補習班，勞工學校等，用以提高勞工會員的知識水準。此等勞工學校，類多訓練一至二週，間有少數實施四週訓練者。蓋一般勞工或工會領導人物，大都不能久離職務；長時期之訓練，致難舉辦。多數勞工學校，附設於大學，而由主辦團體，自聘教職員。

Ⅰ康勒狄克州勞工聯盟主辦的勞工學校——該校設於康州州立東方學院，每年於七月十四日，實施兩週訓練。所授課程，大都偏於納稅討論、團體契約、勞工法、勞工經濟、議會規程、勞工史、工會管理，以及公開演說和政治活動等問題。

II赫德遜河岸勞工學校 (Hudson Shore Labor School)——該校設於紐約赫德遜河畔，係由美國勞工聯盟和工商組織委員會聯合主辦，每年約有十五名國際工會的會員，到此參加講習。該校講習期限，通例爲二週。所設科目，有勞工經濟，勞工與政府、以及勞工運動等。此外尚可選習勞工與世界問題，民主主義的實踐，工會實習，以及工會刊物編撰等科目。

總之，美國勞工團體，對於一般會員所施之教育，不外下列七種方式：①編印報紙，報導國內和州內的立法新聞，免費供會員閱覽。②出版定期刊物，討論有關勞工生活及勞工知識的問題。③舉行會議，研討關於勞工方面的實際問題。④設立學校，增進會員的知識。⑤假廣播電台，設置勞工節目，播放重要消息。⑥印發美國國會參衆兩院議員的競選講演詞。⑦發展地方組織，實施政治教育，使全體會員於各種投票選舉中，善於抉擇對家。

(二) 勞工團體的民衆教育

美國勞工組織，由於歷史短暫，大多忙於勞工本身之團結，而無暇顧及民衆教育問題。近年來，因會員增多，經費較爲充裕，乃運用各種方式，接近民衆。歸納言之，不外下列幾種途徑：

㈠利用間接方式，實施民衆教育——即運用罷工和勞資談判等方式，影響輿論，謀取民衆的支持。

㈡利用出版事業，從事勞工運動——假廣播電台，安排新聞評論，公開演講、及社會問題等節目；

報章雜誌，延聘勞工問題專家，開闢勞工問題專欄，撰寫勞工問題社論，藉以增加報紙銷路。出版勞工運動史，勞工運動哲學，及勞工問題等專門書籍，對民衆意見，施予相當影響。

㈢聯絡教育專家，辦理勞工教育——一般勞工界人士，爲擴大勞工運動，提高勞工知識水準起見，乃與教育家合作，從事勞工問題的理論與實際研究。近年來大多數大學的經濟學課程中，每設有勞工組織及勞工運動史等科目；一般中學的社會研究課程中，亦討論勞工問題。最近，尚有若干教育家、勞工領袖、及工商界領袖，共同組織一種經濟教育聯合會(Joint Council of Economic Education)，以促進美國民衆的經濟教育。該會並利用各地大學，召集中學教師、工商界、金融界、勞工組織及政府等各方面的領袖，共同討論美國經濟問題，爲期數週，所需費用，由該會負擔。

（三）勞工組織與公共教育政策

美國勞工團體，對於美國公共教育政策，每產生決定性的影響。下列數端，爲其犖犖大者：

㈠倡導普及教育，主張釐訂義務教育法令——彼等以爲實施義務教育，爲減少童工之有效方法。

㈡贊同聯邦政府，增加對於各州教育經費之補助。

㈢訂定切實合理之機會均等的教育方案，以澈底實施全民教育。

㈣主張聯邦政府，以經費補助職業教育——遂使一九一七年著名之史密斯——休士法案（Smith-Hughes Act），得以順利通過。

第六節　政黨與教育

（一）政黨的教育作用

一般政黨之組成，其目標不外二種：一爲「控制」政府，一爲「說服」選民。各政黨爲達成說服選民的目的，乃有各種不同之教育活動。競選期間，固不必論，單就平時而言，各政黨大都利用報紙、雜誌、廣播、及電視等工具，從事宣傳工作。

政黨每年耗於印發書刊、選擧記錄、及各種政治性讀物的經費，雖無確切統計，但所耗經費，必定可觀。就學校以外之教育事業言，各政黨的教育活動，其範圍之大，實爲其他團體所不及。

（二）美國兩黨的教育政策

美國政黨的教育活動，與下述四事具有密切關係。第一、自一七八七年，聯邦政府頒佈西北條例(Northwest Ordinance)後，對於地方教育採取鼓勵政策。第二、一八六二年美國國會通過以土地補助農工學院法案，一九一七年復通過職業教育法案，職邦政府極力推進農工教育。第三、職邦政府直接管理若干特殊教育事業，如陸軍學校、海軍學校、首都市內的學校，印第安人學校等；並設置聯邦教育署，負協調全國教育事業之責。第四、聯邦政府不時制定聯邦政府補助地方教育的法案，以期對於各地學校，給予經濟補助。

㈠南北戰爭以前（一八〇〇——一八六〇年）　在此時期以前，各政黨的政綱中對於教育政策，並無明文規定。就民主黨的政綱言，顯然重視「各州的權利」，而反對聯邦政府管理普通教育。一八五六——一八六〇年共和黨的政綱中，亦有類似的主張。

㈡改革時期（一八七〇——一八九二年）　在此時期中，兩黨對於聯邦政府與教育問題的關係，大都偏重下列三點：第一、設置聯邦教育署；第二、任何教派不得影響公立學校；第三、聯邦政府補助地方教育經費。關於第三項，爲兩黨爭執之重點。至於聯邦政府補助地方教育經費的方式，約有三種：①胡爾法案（Hoor Bill, 1870–1871）所提供者，凡某一地區無力設置學校者，聯邦政府卽有權在該地區設立學校。②共和黨所提出者，主張出售公地，用以補助各州教育經費。③布賴爾法案（Blair Bill）所提供者，主張直接以國庫經費補助各州教育經費。

在此一時期，值得吾人注意者，厥爲民主、共和兩黨之政綱，自一八七六年直到一八八八年，共和黨一直主張聯邦政府應負有教育責任；民主黨則持相反論調，以爲教育乃是各州的事。

總之，民主黨始終堅持其「維持各州權刋」的傳統主張，教育問題，自不例外。反之，共和黨則主張由聯邦政府，補助各州教育。同時，共和黨反對以公款補助教會學校；而民主黨對於教派的影響，未予重視。

㈢二十世紀的兩黨教育政策　依據一九〇八年以來兩黨的教育政策，可以看出下列二事：第一、民主黨積極主張聯邦政府補助各州教育經費；而共和黨反而贊成聯邦政府不必干預各州的教育。第二，兩黨對於教育問題，並不特別注重。故在若干次兩黨競選的政綱中，並未提及教育。茲將一九四八年及一九六〇年共和、民主兩黨的政綱，有關教育的主張，列舉如次：

甲、一九四八年

Ⅰ共和黨　吾人贊成所有人民均有平等的教育機會，並須積極改進教育事業和教育設備。

Ⅱ民主黨　吾人主張聯邦政府補助各州教育經費，而由各州自行管理教育事業。吾人更主張全國兒童，應接受優良之教育。

從上述兩黨的政綱看來，雖然涉及教育政策，但並未認識教育的重要性。因此，有的教育家主張，一個政黨，如祇提出「吾人贊成教育機會均等」之類的空話，人民卽不必投票支持。

乙、一九六〇年

Ⅰ.共和黨

1.由聯邦政府，以經濟力量協助各地區，建立中小學；

2.鼓勵聯邦政府發展青年及成人的職業教育；

3.支持建立全國各地圖書館計劃；

4.支持基本教育研究計劃，研擬最佳方法，以協助天才及缺陷兒童；

5.聯邦政府對於高等教育應注意下列數端：

①協助建築大學校舍。

②擴充聯邦政府的學校貸款，及增設獎學金的計劃。
③考慮由稅捐中，籌措財源，以協助彌補學生之學費。
④繼續支持夏威夷，使其成爲太平洋的文化交換中心。
⑤由聯邦政府，採取一種對比援助（Matching Grants）辦法，以資助各州政府達成大學的綜合需要。
⑥設立永久性的最高教育評議委員會，注意教育機會之均衡發展。
⑦關於增建教室所需經費，應由地方政府及州政府，設法籌措或彌補之，聯邦政府不再負擔。

至於教員薪津，如由聯邦政府補助或津貼，勢必導致聯邦政府對於各地學校之控制，斯爲吾人所反對。

Ⅱ民主黨

1.注重師範教育；
2.協助添建教室及大學校舍；
3.充實設備；
4.設立大學學生貸金及獎學金，使有志向學之清寒子弟，得有享受高等教育之機會。

此外，該黨並保證：

1.協助發展職業教育（青年或成人）；

2.增建圖書館；

3.推廣成人教育；

4.實施視聽教育；

5.與各國交換教師及學生；

6.設立青年養護團(Youth Conservation Corps)。

綜觀兩黨教育政策，互有異同，言其相同者，有下列數端：

1.兩黨均注重發展職業教育；

2.兩黨均注重增設圖書館；

3.兩黨均主張協助大學增建校舍。

至於相異之處，亦有下列三點：

1.民主黨主張聯邦政府，協助增建教室，添置設備，提高教師待遇；共和黨則反對聯邦政府補助。

2.民主黨主張推廣成人教育，實施視聽教育，並與其他國家交換教師和學生；共和黨的政策，則未提及此點，而側重高等教育之發展。

3.民主黨主張設立青年養護團；共和黨則主張支持基本教育研究計劃。

民主黨執政後，詹森政府已完成下列各項教育設施：①繼續支持夏威夷政府，使其成爲太平洋區文化交換中心。②繼續協助各州及各地區，建立中小學校。③繼續實行大學學生貸金及獎學金制度。另一方面，並依據民主黨本身所提教育政策，於八年任期內逐一實現。諸如：①由聯邦政府協助各州及各地區，增建教室，充實圖書館，添置設備，提高教師待遇。②由聯邦政府加強實施成人教育、視聽教育、及交換師生事宜。③設置青年和平工作團。

第七節　教會與教育

(一)美國教會對於社會的影響

宗教在美國人民生活中佔有極重要的地位，據非正式的統計，每十人中，有六名教友。美國的教會，多達二百六十八種；其中基督教教友最多，天主教次之，依次則爲猶太教和正教。

宗教團體，爲美國社會上的一種基本力量。其道德標準，即以宗教信仰爲基礎。美國人民，無論在家庭、學校、事業、以及日常生活中的社會行爲，大都受宗教信條的約束。有時更藉宗教的力量，推行某項社會運動、政治運動、或經濟運動，例如改善工人生活，推行禁酒運動，以及倡導和平運動等。

美國的教會，通常採用三種方式，促進社會的改革。

㈠個別活動——一般教會，每將其道德標準和人生理想，傳之於教友，因而影響教友的社會生活。

各人的社會生活或社會行爲既然改變，則整個的社會，亦隨之而變。

㈡非政治性的團體活動——各教會每利用報紙、雜誌、電影、及廣播等工具，改造社會。或於各地設立各類宗教活動團體，以期在日常生活中，實現宗教的道德理想。例如天主教組織的「天主教鄉村生活會議」，猶太教組織的「反毀謗聯盟」，基督教組織的「親善同志會」，卽其顯例。

㈢政治活動——各教會的領袖，對於政治方面或道德方面，每每發表意見，致一般政治設施，受其影響甚大。若干宗教團體對於各州議會及國會的討論，經常注意，並不時對於重大事件，在報紙上披露言論。最要者，乃是各教派組織聯合團體，發行刋物，說服議會的議員，發動民衆的輿論。此外，天主教組織「美國天主教福利協會」，聯絡全國天主教團體，推行宗教生活方式；基督教新教二十九個教派合組「美國基督教協會」，以促進共同目標爲中心工作；猶太教組織「美國猶太教聯合會」，致力於民衆教育。此三大宗教團體，經常以聯合方式，消滅種族和宗教的偏見，促進各宗教團體間的了解。

總之，美國的教會，顯爲政治的支配力量之一，一般神職人員對於本地重大事件的意見，常能產生極大的影響。各教派領袖，對於公共問題的意見，尤深受社會人士的重視。

(二) 教會學校

據統計，美國兒童及青年，約有百分之十二至百分之十五，就學於私立學校。小學生就學於私立小學者，佔全國小學生總額的百分之十。在若干州內，大學生就學於私立大學或私立學院者，約佔州內大學生總額的百分之五十。此等私立學校，多係教會所設立，其中尤爲中小學爲然。設置學校最多的教會，依次爲天主教、基督教、猶太教及其他教派。就天主教而言，特別注重小學教育，彼等以爲公立學校，忽視宗教教育，使學生趨於現實主義及物質主義，乃積極設教區學校，培養宗教的人生觀。

就美國私立大學言，教會學校的地位，有日趨沒落之勢。一九〇〇年以前，各教派所設立的數百所大學，目前祇有少數大學，屬於教會管理。多數教會大學，先後停辦。有的大學，則脫離教會而獨立；有的教會大學，又與其他公私立大學合併；其主要原因，在於州立大學及初級學院，日漸增加，致使大學宗教氣氛爲之冲淡。

至於各教派各自設立之神學院，亦日漸減少。有的神學院與教會脫離關係；有的神學院，則由各教派聯合辦理；有的神學院又加入其他大學。前者如紐約市的聯立神學院 (Union Theological Seminary)；後者如芝加哥大學及耶魯大學的神學研究院。

(三) 主日學校

主日學校 (Sunday School)，乃爲十八世紀末葉英國人道主義的產物。當時一般慈善人士和教會團體，眼見若干年幼的童工，每週工作六日，缺乏讀書時間，乃於星期日設置學校，招收此等童工，授以聖經，及讀、寫、算諸科目。此項辦法傳至美國後，各地紛紛設立主日學校。適值美國全力推行公立小學制度，於是主日學校乃將讀、寫、算等科目，交由公立小學辦理，而專門致力於宗教教育。因此，美國的主日學校，並非一種慈善性的補習學校，而爲一種推行宗教教育的機構。

以往主日學校，多由基督教所辦理，近年來天主教及猶太教亦相繼設立主日學校。最初各教派所設之主日學校，大都自訂課程，自編教材，自行採用教學方法。十九世紀末葉，基督教新教各派，爲提高教育效果起見，乃聯合各教派，共同釐訂統一的課程及教材，以期獲得優良的成效。

據統計，近年來各教派設置的主日學校及安息日學校(Sabbath School)，學生人數大增，其中尤以天主教及猶太教主辦的主日學校及安息日學校爲然。

(四) 宗教教育運動

二十世紀初葉，一般宗教領袖，眼見工商業及科學技術的進步，教育心理學知識的日漸普遍，咸以爲昔日所用之宗教教育方法，有大加改革必要。於是一九〇三年組成一種宗教教育協會(Religious Education Association)，其中包括天主教、猶太教、及基督教新教各派教育家，和教會領袖，共同研擬一種切合時代需要的宗教教育計劃。

該會之工作目標，約有三項：

第一、釐訂一種富於功效的宗教教育課程；

第二、研究各種有效的教學方法；

第三、使宗教教育在各級學校課程中，佔一種適當的地位。

該會研究結果，乃提出兩種建議：一爲利用星期日，在校外實施宗教教育；一爲公立學校課程中，正式列入宗教教育。

（五）宗教在公立學校中的地位

㈠政教分離問題　美國聯邦憲法第一次修正案規定：「國會不得制定法律，設置國教，亦不得禁止宗教自由」。於是立國初期，即確定政教分離的原則。此項原則，對於教育之影響有二：一爲一切宗教同時並存；一爲不予某一教派或宗教以特權。此二端厥爲保障宗教自由之基石。

各州對於政教分離原則的實施，頗不一致。惟其共同之點，厥爲各州憲法，均明文規定保障宗教自由；並以法律規定，不得強迫人民進教堂，亦不得強迫人民捐助教會。茲以加州憲法爲例，說明宗教與公共教育的關係。

1.第四條第三十款規定：「州議會及各縣、市、鎭、學區等，不得以公款補助教會，及由教會設立的學校、醫院等機構；更不得以私人資產捐贈教會。」

2.第九條第八款規定：「不得以公款用於教會學校，或不受地方教育行政機關管理的學校。本州公立學校，不得傳授任何教派的教義。」

總之，關於政教分離問題，有兩種不同的主張：有人以為政教分離原則，使學校與宗教分開，學校祇知傳授知識，而不注重道德教育及精神生活。又有人以為美國學校不受教會的束縛，乃有長足的進步。

㈡公款補助教會學校問題　此一問題，美國人士的論點不一。有人主張補助教會學校學生交通車的費用；有人主張各教區自行設立教會學校，而由政府補助其經費。彼等所持理由如次：

第一、天主教以及路德派、基督教教友派等，以為公立學校不適於宗教教學。天主教官方文件中，對於容納各教派的學校，備加指責，認為此等學校對於一切宗教同等看待，而不着重某一派的教義，勢難產生實際之教育作用。蓋彼等認為缺乏宗教目標的教育，不得視為教育。故彼等主張，由教會自設學校，實施自身之宗教教育。

第二、彼等以為民主社會既以機會均等為重，即當支持一切教育事業，而無須過問由何人主辦。如果兒童及其家長志願入私立學校，而社會又承認私立學校為合法教育機構，則社會即不可歧視私立學校。任何不公平的待遇，均與民主精神不合。故認為政府予私立學校以經費補助，祇不過代表人民執行合法之公共職務而已。

美國私立中小學，多係教會學校，而教會學校中，天主教學校，又佔絕大多數。故政府應否補助私立學校，天主教學校最為關切。

總之，關於以公款補助教會學校，是否合法，美國人士以為可得下列三個原則：

第一、聯邦及各州政府，不得制定法律，取締私立學校。

第二、任何補助費用，如直接用以謀取兒童福利，即當儘先考慮，而不必顧及教會學校問題。

第三、凡公共福利法規所載，依法給予人民的權益，教會及教會機構有權享受，不得加以剝奪。

美國人士對於上述意見，表示反對者，亦頗不乏人。彼等認爲國家的公款，應當用於地方事業，而不可用於教會事業。擴大對教會學校補助以後，即將妨礙地方教育事業的發展。美國現有二百六十八種教會，每一教會皆認爲自設學校，而要求政府補助，試問此等學校各自劃分勢力範圍，相互競爭，相互傾軋，則社會又將如何維持和諧與統一？

其次，美國各級政府既已設置公立學校，人人可進，不收學費，而且毫無教派色彩。爲父母者既有權爲其子女作入學之選擇，而送子女入教會或貴族學校，享受一種特殊的權利，又何能再享公立學校的權利？因此認爲以公款謀取各種學校兒童的同等權利，實非社會應負之責，社會祇對公立學校負責。

㈢課外實施宗教教育的計劃　一九一四年，在美國宗教教育協會贊助下，首在印地安娜州的葛雷市(Gray, Indiana)，實施一種辦法，由公立學校給予學生一部份時間，以便赴教堂接受宗教教育。其後，各地紛起仿行。此項辦法，乃規定於每週授課時間內，撥出四十分鐘至一小時的時間，使學生參加宗教教育班。此等班級由各派教會主辦，不計成績，亦不在校內教學。學生以自動參加爲原則，不得強迫。教學內容，有限於某一教派者，亦有作廣泛之宗教教學者。

此項辦法，有人反對，以爲各公立學校，將因此而支持或排斥某一教派。惟一般美國人士，咸認爲課外實施宗教教育，不得違背下列之原則：①課外實施宗教教育的計劃，不得在公立學校內舉辦，亦不可利用公立學校設備；②此項宗教教育計劃，不得採用強迫教育方式，亦不得運用強迫就學法；③此項計劃，不得藉公立學校校長之力促其實現。

㈣公立學校中的宗教教育　依據美國教育會（American Council on Education）及美國教育協會(National Education Association)的研究報告，認爲公立學校設置宗教科目，基於下列四項理由：

第一、教會固須與政府隔離，但此項原則並未要求學校與宗教隔離；

第二、宗教教育如在校外實施，將使宗教與其他生活脫節；

第三、學校與宗教脫離關係，足以養成學生注重現實的思想；

第四、學校內如不研習宗教，學生卽不能了解美國文化中之一重要因素。

由於上述理由，故主張公立學校，設置宗教課程。

反之，持反對意見者，亦有其理由：

第一、宗教教派過多，教義紛歧，自不必在公立學校內教學；

第二、各派教義，於尋求共同論點後，再用以在公立學校內教學；

第三、公立學校的責任，在於指示學生的道德標準，及精神生活目標，而不必傳授宗教教義。

總之，此一問題，迄未獲致適當的解決。美國教育協會的意見，認爲「一切社會組織，須了解培養青年品性的共同責任。此等社會組織如能共同合作，即可收更大的效果：彼此如不能合作，即無法達成預期的目的。」

第八節　慈善團體與教育

(一)私人對於教育事業的捐贈

美國社會的特色之一，即是一般人自願以鉅款捐贈社會福利事業——保育、養老、娛樂、醫藥、衛生及教育等，此等捐款，均出於獨立自主的精神。美國人對於教育事業，尤爲熱心，富有階級，固時有捐款，中產以下人士，亦樂於捐款助人。據羅素基金會(Russell Sage Foundation)的報告，一般慈善捐款，大多來自低薪階級。百分之八十二的捐款，其捐助者每年收入在五千元以下。就教育基金言，有各種不同的方式：

第一、設置紀念基金，用以在大學內設置講座，或舉行定期講演，或辦理某種研究，或購置某類圖書，或設置獎學金。例如哈佛大學的黎曼(Niemann)新聞學獎學金，加州大學的沙舍(Sather)歷史講座等。目前各校畢業校友，往往捐助校友會，成立一項基金，用以支付獎學金，或購置圖書。

第二、某些基金專爲促進某項研究而設。例如司太勒基金(Statler Foundation)，係由旅館業捐贈，用以研究旅社管理。

第三、包括教育在內的普通性基金。例如洛克斐勒基金會(Rockefeller Foundation)的教育董事會，其目的在於促進世界人類的福祉。卡內基基金會(Carnegie Foundation)的紐約卡內基協會，其目的在於補助學校、圖書舘、及研究所的經費，以促進學術，傳佈知識。福特基金會(Ford Foundation)，其目的在於協助科學研究、教育機關、及慈善事業，以增進公共福利。

（二）慈善事業發展的趨勢

美國一般事業機關和私人捐贈的慈善基金，以及專用於教育事業的捐款，今後發展的趨勢，取決於下列二種因素：

第一、美國現行捐稅政策，固足以鼓勵私人以金錢捐贈慈善事業，但由於稅率遞增，大資產家日漸減少。

第二、各級政府積極從事公共福利事業，顯有替代私人慈善事業的趨勢。例如各級政府對於地方衛生、住宅改善、及社會安全等，極爲注意，以致私人慈善團體的事業，大受影響。

總之，美國人士，對於教育事業，雖迭有捐款，促其發展事業，然因學齡人口日增，學校設備須逐步擴充，所需經費至鉅。今後一般私立學校及教育機構，能否順利擴展，値得疑慮。其解決之道，不外下列三種：

第一、聽任私立學校，自生自滅，不予以經費補助。此法當然不妥。

第二、由政府予私立學校以適當補助。例如加州及聯邦政府對於私立學校的補助費。

第三、由人民捐助私立學校。此法既不受政府的限制，亦不致因少數人冷淡而遭挫折。故儘可採行。

第九節　成人教育事業

（一）美國化的教育

第一次世界大戰時，發現美國人民中，不少外來移民，其思想情感不與美國人同化，且仍忠於其所從來的祖國。於是引起美國政府的注意，以爲要使外來移民，成爲標準美國公民，勢必利用教育方法，使其認識美國文化及人民生活方式。自此以後，全國各州，大都設置夜間學校，授以讀、寫、算、及公民等科目。

（二）大學推廣教育（University extension education）

美國大學及學院，每設有推廣部，其目的在使有業成人得以享受高等教育之機會。其活動通常分爲兩類：卽講授與函授。該部舉辦之班級，所設科目，幾包括大學所有各種部門；授課時間多爲下午四時以後或晚間；通例每一科目每週授課一次，每次約二小時，每學期授課十七或十八週；教法多採討論式。函授則以輔導學習者自修爲主旨，所設科目，亦甚繁多。間有少數大學試行當面指導函授學生。由修習大學推廣部學程所獲得之學分，亦得計入各種學位所需學分以內，惟有相當之限制。

（三）函授學校（Correspondence School）

此等學校，爲美國之一特殊產物；所設科目，乃以工商業爲主。入學者的目的，不外若干新知能之獲得，而增進其職業之地位。

（四）機會學校（Opportunity School）

一九一六年創於柯羅拉多州（Colorado）的首邑丹佛（Denver）市，爲一種試驗性的學校。該校之修業期限，入學資格及年齡，均無限制。所授科目，尤爲廣泛，舉凡工商業及技術科目，無不具備。授課時間，由學習者自定。該校之主要教育方針，在亟謀各種事理與實際生活切取聯繫。

（五）圖書館

美國各州均有公立圖書館，其中多數皆致力於一般讀者便利之增進，於鄉村雜貨店或小學中設立圖書分館；更有兼辦巡廻文庫，俾偏遠地區之居民，亦得享有借閱公共圖書之權利。一般成人教育機關，均與圖書館保持合作關係，以謀教育效率之增進。規模較大之圖書館，每設有成人教育部門，由專家主持之。

近年來美國圖書館事業，進展頗多。美國今日的圖書館，不單是收藏、及使用圖書資料的場所，且爲社會活動中心及成人教育的施教機關。茲將美國圖書館設施概況，撮述於後：

㈠視聽資料　美國圖書館藏書，可分爲書籍及非書籍性資料（Non-book materials）二類。視聽資料即屬於後者。今日美國圖書館，蒐集及使用視聽資料，已構成日常工作之一部份。就影片言，一般規模較大之圖書館，均藏有大量影片，供民衆借用；小型圖書館，由於財力所限，不能單獨設置，乃聯合其他圖書館，集資共同購置，交換使用。近年來美國圖書館協會（The American Library Association），對於各項影片的使用，極爲重視，乃攝製有關圖書館影片多種，售由各館利用。此外，美國若干圖書館，尙附設廣播電台及電視台，按時播放教育性的節目。其他視聽資料，如錄音帶、唱片、圖書影片(Microfilm)，有聲圖書(Talking book)以及專供病患和殘廢者應用的圖書放映機等，均爲普通應用的工具。

㈡機械設備　美國圖書館，大都利用機器設備，加強圖書館服務工作。諸如圖書出納機，複印圖書設備，攝製圖書影片的設備等，均已普遍採用。由於採用出納機，乃可節省編目和出納的人力及工作成本；由於複印圖書，便利館際互借（Interlibrary Loan）的工作；圖書影片，則可解決收藏的困難。

㈢館舍建築　一般較大城市舊式卡內基型(Carnegie-type)的公共圖書館，多由側重實用的新式建築物所取代。新式圖書館，多以實用爲主，形式美化則爲次要者。內部設計，偏重色彩化及伸縮性。至於空氣調節設備，舒適而家庭化的佈置，分光均勻的燈光，具有隔音設備的音樂室及朗讀室，與夫寬濶的集合室，展覽廳、及閱覽室，更爲普遍。

（六）視聽教育

電影及播音，前已論述。至於電視，乃爲新近之產物。美國電視事業，頗爲發達。全國電視站，計有二千零五十三個單位。一般家庭，大都備有電視機，近年來彩色電視機，亦極爲流行。若干大學並已開辦電視課程，例如克利夫蘭市(CLeveland)的西儲大學(Western Reserve University)，每週一、三、五郎播講「美國企業經濟學」，二、四、六播講「心理學」。加州大學播講「兒童心理學」，每日講授半小時至一小時不等，十三週授畢，收聽者辦妥註冊手續後，郎可收到講義，向主講人員提出問題請求解答；並可於考試及格後，取得學分。密契根大學(University of Michigan)則開辦「行星研究」及「兩黨政治制度」等科目，註冊收聽者，爲數極多。此等空中大學，必將日益發達。

附註

（註一）詳見 Theodore L. Reller and Edgar L. Morphet: Comparative Educational Administration, 1962, P. 169.

（註二）據一九六三年元月統計，美國人口總額爲一億八千七百二十九萬三千人。

（註三）據一九六五年秋季統計，美國中小學生總額爲四九、二四四、○○○名；其中幼稚園至第八學年，計三六、一二六、○○○名，第九至第十二學年共計一三、一一八、○○○名；大學生共計五、五二六、○○○名。（引自 Progress of Public Education in the United States of America 1965-1966, P. 9.)

（註四）據一九六五年統計，美國中小學教員總額爲一、九七二、〇〇〇人；其中小學教員一、一三七、〇〇〇人；中學教員八三六、〇〇〇人。大學教員計有四一五、〇〇〇人。（參閱註三 P. 11.）

（註五）據一九六五——六六學年度統計，美國中小學全年所需教育經費，共計二五、八〇一、九九五、〇〇〇美元。（同註三 P. 18.）

（註六）據 Office of Administration: Department of Health, Education, and Welfare, Office of Education, Dec. 31. 1966.

（註七）據 Harry Kursh: The United States Office of Education, 1965, pp. 40–48.

（註八）北達科他州，設有一種管理職業教育的董事會，其董事人選，大都由官吏兼任 (ex officio)（見 E.L. Morphet. R.L. Johns and T.L. Reller: Educational Administration, 1961, P. 194.)

（註九）同註八 P. 196.

（註一〇）同註八 pp. 197–198.

（註一一）據 U.S. Office of Education: Education in the United States of America, 1966, p. 10.

（註一二）據 Edgar L. Morphet: Building a Better Southern Region Through Education, 1945, p. 179.

（註一三）據 Lloyd N. Morrisett and William S. Briscoe: The California Department of Education, 1968, p. 2.

（註一四）據 Fred F. Beach: The Functions of State Department of Education, 1950, pp. 3–17.

（註一五）U. S. Office of Education: Progress of Public Education in the United States of America 1965-1966, 1966, p. 16.

（註一六）參見註一五第六頁所繪美國學制圖，由著者略加修訂而成。

（註一七）參閱 I. L. Kandel: The New Era in Education, 1955, pp. 233-235.

（註一八）The California Department of Education: Public Education in Pasadena, 1968, pp. 15-18.

（註一九）參見 U.S. Office of Education: Education in the United States of America, 1966, p. 28.

（註二〇）同註一九 p. 29.

（註二一）引自 Chris A. De Young and Richard Wynn: American Education, 1964, pp. 175-176.

（註二二）詳見 C. A. De Young and R. Wynn: American Education, 1964, p. 293.

（註二三）見註二二 p. 293.

（註二四）詳見 National Society for the Study of Education: In-service Education, The University of Chicago Press, 1957. p. 13.

（註二五）引自 American Association of School Administrators: Staff Relations in School Administration, 1955, p. 119.

（註二六）詳見 "Salaries" NEA Journal, Vol. 52 (October, 1963), p. 12.

（註二七）引見 De Young & Wynn: American Education, 1964, p. 303.

本書主要參考書目

1. Chris A. De Young and Richard Wynn: American Education, Fifth ed. 1964, Parts 2–4.
2. Edward W. Weidner: The World Role of Universities, 1962, chap. 14.
3. Raymond E. Callahan: An Introduction to Education in American Society, 1960, Parts 1–3.
4. Martin Mayer: The Schools, 1961, Part 1.
5. Chester W. Harris (ed.):Encyclopedia of Educational Research, 3rd. ed., 1960, pp. 522–544. pp. 1385–1397.
6. Stephen J. Knezevich: Administration of Public Education, 1962, chaps. 5–6.
7. Edward Mowbray Tuttle: School Board Leadership in America, 1963, chap. 32.
8. Joseph E. Kauffman: Educaion, 1966, Chaps. II–VIII.
9. Stan Dropkin, Harold Full, and Ernest Schwarcz: Contemporary American Education, 1965, pp. 79–306.
10. Lucien B. Kinney: Certification in Education, 1964, pp. 16–79.
11. T. M. Stinnett: Professional Problems of Teachers, 1968, Parts Two–Five.

12. Lewis Spolton: The Upper Secondary School, 1967. Chap. 7.
13. Edmund J. King: Other Schools and Ours, 3rd ed., 1967, pp. 159–216.
14. Bernard Berelson: Graduate Education in the United States, 1960. Part Two.
15. Donald E. Orlosky and Ned B. Macphail (editors): American Education: Its Organization and Control, 1968.
16. Daniel Sealkovich: The Schools and American Society, 1967, Parts. 3–4.
17. Ruth Landes: Culture in American Education, 1965, Chaps. 4–5.
18. Laurence D. Haskew and Jonathon C. Mclendon: This is Teaching: (3rd. ed.), 1968, Parts Ⅱ–Ⅲ.
19. Margaret Clapp: The Modern University, 1968, pp. 59–92.
20. John S. Brubacher and Wills Rudy: Higher Education in Transition, 1968, Parts Ⅲ–Ⅳ.
21. Jacques Barzun: The American University, 1968, pp. 10–33.
22. Paul Woodring: The Higher Learning in American: A Reassessment, 1968, Parts one–two.
23. William W. Savage: Interpersonal and Group Relations in Educational Administration, 1968, Chaps. Four–Nine.
24. Sidney W. Tiedt: The Role of the Federal Government in Education, 1966, pp. 33–142.

25. Robert Dusenbery: Toward the 21st Century in Higher Education, 1967, pp. 57–72.
26. F. Keppel: The Necessary Revolution in American Education, 1966.
27. E. J. King: Society, Schools and Progress in U.S.A., 1965.
28. Arthur H. Moehlman: Comparative Educational Systems, 1963. pp. 75–81.
29. Nicholas Hans: Comparative Education, 1958, Chap. XIV.
30. Brian Holmes: Problems in Education, 1965, Chap. VIII.
31. John Francis Cramer and George Stephenson Browne: Contemporary Education, 1965, Chaps. 3, 11.
32. George Z. F. Bereday: Comparative Method in Education, 1964, Chaps. Six, Ten, and Eleven.
33. I. N. Thut and Don Adams: Educational Patterns in Contemporary Societies, 1964, pp. 233–240.
34. Theodore L. Reller and Edgar L. Morphet: Comparative Educational Administration, 1962, Chap. 9.
35. Van Cleve Morris and Others: Becoming An Educator, 1963, Part Three.
36. Raymond Poignant: Education and Development in Western Europe, The United States,

and The U. S. S. R., 1969, pp. 39–40, 96–101, 139–140, 215–216.

37. Tyrus Hillway (Editor): American Education, 1964, Chaps. Five–Six.

38. U.S. Office of Education: Education in the United States of America, 1966.

39. Harry Kursh: The United States Office of Education, 1965.

40. Educational Policies Commission of the United States: Educational Responsibilities of the Federal Government, 1964.

41. Wayne O. Reed: Functions of the Office of Education, Present and Future, 1963.

42. United States House of Representatives, Committee on Education and Labor. 88th Congress, 1st Session, Committee Report: The Federal Government and Education, 1963.

43. Louise R. Ayers and Anita V. Turner: Public School Systems, 1962–63.

44. Grace S. Wright and Edith S. Greer: The Junior High Schools, 1963.

45. Stuart E. Dean: Elementary School Administration and Organization, 1963.

46. Alpheus L. White: Local School Boards: Organization and Practices, 1963.

47. Lloyd E. Blauch: Accreditation in Higher Education, 1959.

48. Theresa Birch Wilkins: Higher Education, 1962–63, 1963.

49. James H. Blessing: Graduate Education, 1961.

50. Walter Crosby Eells and Ernest V. Hollis: Administration of Higher Education, 1960.

51. Archie R. Ayers and John H. Russel: Internal Structure: Organization and Administration of Institutions of Higher Education, 1962.

52. Donald F. Warner, Bernice R. Retzlaff, and Harold A. Haswell: Summer Sessions in Colleges and Universities of the United State, 1960, 1963.

53. D.G. Morrison, Ken August Brunner, and S.V. Martorana: The 2-year Community College, 1963.

54. Report of the Secretary of Health, Education and Welfare to the Congress on Training Activities Under the Manpower Development and Training Act, 1963.

55. 呂俊甫：美國教育（商務印書舘）

56. 雷國鼎：教育行政　第四章（部定大學用書，正中書局）

57. 雷國鼎：各國教育制度　第一章（部定大學用書，正中書局）

58. 雷國鼎譯：比較教育　第三章及第十章（中華書局）

59. 雷國鼎：比較教育制度　第一章（臺灣書店）

60. 雷國鼎：比較大學教育　（中華書局）

中華社會科學叢書

美國教育制度

作　　者／雷國鼎　編著
主　　編／劉郁君
美術編輯／鍾　玟

出 版 者／中華書局
發 行 人／張敏君
副總經理／陳又齊
行銷經理／王新君
地　　址／11494 臺北市內湖區舊宗路二段181巷8號5樓
客服專線／02-8797-8396　　傳　　真／02-8797-8909
網　　址／www.chunghwabook.com.tw
匯款帳號／兆豐國際商業銀行　東內湖分行
067-09-036932　中華書局股份有限公司

法律顧問／安侯法律事務所
製版印刷／百通科技股份有限公司　海瑞印刷品有限公司
出版日期／2017年7月再版
版本備註／據1970年5月初版復刻重製
定　　價／NTD 250

國家圖書館出版品預行編目（CIP）資料

美國教育制度 / 雷國鼎編著. --再版.--臺北市 :
中華書局, 2017.07
面 ; 公分. -- (中華社會科學叢書)
ISBN 978-986-94068-9-5(平裝)

1.教育制度 2.美國

508　　106008214

NO.F1010
ISBN 978-986-94068-9-5（平裝）